監修者――五味文彦／佐藤信／高埜利彦／宮地正人／吉田伸之

［カバー表写真］
平城京模型（北から）

［カバー裏写真］
復元された朱雀門

［扉写真］
現在の平城京跡

日本史リブレット 7

古代都市平城京の世界

Tateno Kazumi
舘野和己

目次

はじめに―古代都市平城京への視点

平城京《へいじょうきょう》をはじめとする古代都城は、はたして都市と呼べるのか。かつてはこうした問いがよく聞かれた。それは「アジアの歴史は都市と農村との一種の差別なき一体性《の歴史》である。（ここでは本来の大都市は、たんに王侯の宿営地として、本来の経済機構のうえにある複受胎としてのみ考察すべきである）」（カール・マルクス『資本主義的生産に先行する諸形態』、手島正毅訳、国民文庫二一頁、大月書店）という、マルクスの言葉に代表されるように、アジアの古代都市は王侯の宿営地にすぎないのであって、本来の都市とは異なるという理解からきている。確かにヨーロッパの都市にある市民の自治や、経済構造などと比べれば、アジアの古代都市がそれらと大きく異なることは間違いない。

しかしアジアの都市も農村と比較するとき、人口の集中や流通経済への依存、農業との一定程度の分離、特有の景観など、やはり農村とは異なる特徴を多く指摘することができる。したがって、ヨーロッパの都市を基準にアジアの都市をみるのではなく、後者の都市としての特徴それ自体を摘出していくことが必要である。

さらに近年では都市の成立を遡らせ、縄文《じょうもん》都市・弥生《やよい》都市なども提唱されているところである。それらの当否は別として、都出比呂志氏による次のような都市の定義は注目できる。すなわち都市とは、政治・経済・宗教などの中心としての特殊なセンター機能をもち、人々が密度高く集住する場所である。その密度高い人口を、都市は自給自足体制では支えきれないため、遠隔地の資源に依拠せざるをえず、必然的に手工業や商業の比重を高めた。したがって中心機能・集住・商工業発達・外部依存が、都市の重要な要素である、と。こうした見方からすれば、日本の古代都城は都市と規定できる十分な資格をもっているのである。

そうした観点から本書では、主に平城京を取り上げて、日本古代都市の様相を探ることにする。平城京は奈良盆地の北端に築かれ、「あをによし寧楽《なら》の京師《みやこ》は咲く花のにほふがごとく今盛りなり」と『万葉集《まんようしゅう》』に詠われたが（大宰少弐《だざいのしょうに》小野老《おゆ》朝臣、巻三─三二八）、実態はそういえるようなものであったのか、そこにはどのような人が住み、どのような生活を営んでいたのか、周辺に広がる農村地帯とどのような関係にあったのか、またどのような点で農村と異なっていたのか、などを明らかにしたい。これまでに平城京域内では多くの発掘調査が実施されて、遺構・遺物の情報が豊富に蓄積されてきている。その中で特筆すべきこととして、都城に暮らす人の中で高級貴族というきわめて特殊な地位ではあったが、左大臣にまでなった長屋王《ながやおう》の家政や邸内の様相を具体的に示す木簡《もっかん》が、大量に出土している。本書ではそうした事例をも用いて、平城京の実相に迫ってみたい。

①―平城京への遷都

平城遷都への道

元明《げんめい》天皇▲は七一〇(和銅三)年三月、都を藤原京から平城京へと移した。二年前の七〇八年二月、遷都を宣言した詔《みことのり》の中で平城を選んだ理由としてあげられているのは、「四禽《しきん》図に叶ひ、三山鎮《しづめ》を作《な》し、亀筮《きぜい》並に従ふ」(『続日本紀《しょくにほんぎ》』▲同月戊寅条)という、その地勢のよさである。「四禽図に叶ひ」の四禽とは、四方に配された神獣であるが、それの地勢上の意味については奈良時代の史料では確認できない。しかし安倍晴明《あべのせいめい》▲撰と伝える『簠簋内伝《ほきないでん》』▲(続群書類従)に、「東に流水有るを青龍《せいりゅう》と曰ひ、南に沢畔有るを朱雀《すざく》と曰ひ、西に大道有るを白虎《びゃっこ》と曰ひ、北に高山有るを玄武《げんぶ》と曰ひ」、これらが揃った地が四神《しじん》相応の地であると説く。

これを平城の地にあてはめてみると、佐保《さほ》川・能登川・岩井川など東の春日《かすが》山塊から西流する諸河川が青龍、北の平城《なら》山《やま》丘陵が玄武であろう。また奈良盆地北端に位置することから南が低く、池なども多くあったことが朱雀、暗峠《くらがり》や清滝《きよたき》峠によって生駒《いこま》山地を越えて河内《かわち》へ続く道のあることが白虎であろうか。

▼**元明天皇**　六六一～七二一(斉明天皇七～養老五)年。在位七〇七～七一五(慶雲四～霊亀元)年。天智《てんち》天皇の娘で、草壁《くさかべ》皇子の妃。文武《もんむ》・元正《げんしょう》天皇の母。文武が早世したため孫の首《おびと》皇子(後の聖武《しょうむ》天皇)に皇位を伝えるべく即位した。

▼**続日本紀**　平安時代初頭に国家の手で編纂された歴史書。六国《りっこく》史《し》の二番目。六九七(文武天皇元)年から七九一(延暦十)年まで、奈良時代を中心に編年体で記す。

▼**安倍晴明**　九二一～一〇〇五(延喜二十一～寛弘二)年。陰陽家《おんみょうか》として著名。陰陽師・天文博士などを歴任。卜占《ぼくせん》や呪力に卓越していたと伝えられる。

▼**簠簋内伝**　安倍晴明著と伝える天文暦数の書。五巻。一一四項目にわたって陰陽道の立場から吉凶などを説く。晴明に仮託された後世の作で、室町時代初期までには成立していたと考えられる。

もっともこの『簠簋内伝』は、実際は安倍晴明の撰ではなく、かなり時代が下るものであるから、この説明をそのまま平城にあてはめることには問題があろう。また「鎮を作す」三山は、東の春日山塊、北の平城山丘陵、西の生駒山地ないしはその手前の矢田山丘陵であろう。

平城の地の立地条件のよさにもう一つ付け加えるなら、平城山丘陵の南裾に位置することから、北が高く南が低いということも、重要な条件であった。それまでの都城であった藤原京▲は、奈良盆地の南端にあったから、南が高かった。そうすると南面する天皇より北面する臣下の場の方が高い、さらには宮より南の京の方が高いという地勢上の矛盾が出てくる。したがって大和国内でそうした状況を解決すべく新たな都城を探すとすれば、北の方に移さざるをえないのである。そこで下《しも》ツ道《みち》▲を北上し、奈良盆地の北端に新都を設けたのであろう。

ところで、なぜ元明天皇は七一〇年に遷都をしたのか。言い換えれば平城京の七四年間に比して、藤原京はわずか一六年という短期の都で終わったのは、なぜなのであろうか。七〇一(大宝元)年完成の大宝律令《たいほうりつりょう》▲にふさわしい都城を造ろうとしたこと、翌年出発の遣唐使《けんとうし》がもたらした最新情報にもとづき、長安城《ちょうあん》

▼**藤原京**　六九四〜七一〇(持《じ》統《とう》天皇八〜和銅三)年の都城。条《じょう》坊《ぼう》制を施行した京を確実にともなうものとしては最古の都。天武《てんむ》天皇のときに遷都計画があったが、天皇の死により実現せず、持統天皇のときに完成した。

▼**下ツ道**　上《かみ》ツ道・中《なか》ツ道とともに奈良盆地を南北に貫く計画道路。壬申《じんしん》の乱のときにはすでに存在。三本の道は約二・一キロメートルの間隔で敷設され、両側溝心心間距離は約二三メートルにも及ぶ。平城京の朱雀大路《すざくおおじ》は下ツ道を拡幅したもの。

▼**大宝律令**　七〇一(大宝元)年に制定された律令。刑部《おさかべ》親王・藤原不比等《ふひと》らの編纂。令は同年、律は翌年施行。律・令とも揃った初の法典で、わが国の律令体制の基本となった。七五七(天平宝字元)年の養老《ようろう》律令施行まで用いられた。

の大明宮《だいめいきゅう》含元殿《がんげんでん》▲にならった大極殿《だいごくでん》を営もうとしたことなどが指摘されている。いずれも重要な理由である。しかしその前にもっと根本的なことがあった。

　それを理解するには、少し都城の歴史を振り返る必要がある。藤原京以前は基本的に京は成立していず、天皇の居所と政治の中枢部のある宮があるだけで、かつ天皇の代替わりごとに新たな宮が営まれた。それを歴代遷宮▲という。もっとも七世紀になると飛鳥《あすか》の地に歴代の宮が営まれ、その周辺に有力氏族の宅や寺院が造られるようになってはいたが、明確な範囲をもつ京というものはまだ成立していなかった。そのため特定の宮とそこにいた天皇(大王《おおきみ》)との関係は固有のものであり、『上宮聖徳法王帝説《じょうぐうしょうとくほうおうていせつ》』▲に推古《すいこ》天皇のことを「少治田宮御宇天皇《おはりだのみやにあめのしたしらしめしすめらみこと》」と記すように、早い時期の天皇は「〇〇宮治天下(御宇)天皇」などと呼称された。それが初めて崩れたのが、持統《じとう》・文武《もんむ》二代の天皇の都となった藤原京である。その点でも、藤原京は一つの画期であった。

　ただしそれも結果論のところがある。文武天皇自身も遷都をしようとした形跡があるからである。七〇七(慶雲四)年二月に、文武は五位以上の王臣に遷都のことを議論させたのである(『続日本紀』同月戊子条)。しかし彼はそれから四カ

▼**大明宮含元殿**　大明宮は唐《とう》の都長安城の東北に隣接して新設された宮殿で、三代皇帝高宗《こうそう》以後は太極宮《たいきょくきゅう》に代わって事実上の正宮となった。その中で最大の宮殿が含元殿で、長大な龍尾道《りゅうびどう》という階段をもつ基壇の上にそびえる重層の巨大な建造物であった。

▼**歴代遷宮**　天皇の代替わりごとに宮を変えること。その要因については、①宮殿建物の耐用年数による、②天皇とは別の宮を営んでいた皇子の宮が新天皇の宮となる、③前天皇の死の穢《けが》れを避けるため、④天皇代替わりごとに、宮のほか大臣・大連なども新たに定め、朝廷を一新するため、などの説が出されている。

▼**上宮聖徳法王帝説**　十一世紀中葉以前に最終的に成立した聖徳《しょうとく》太子の伝記。裏書以外の主要部分は八世紀の成立とみられる。

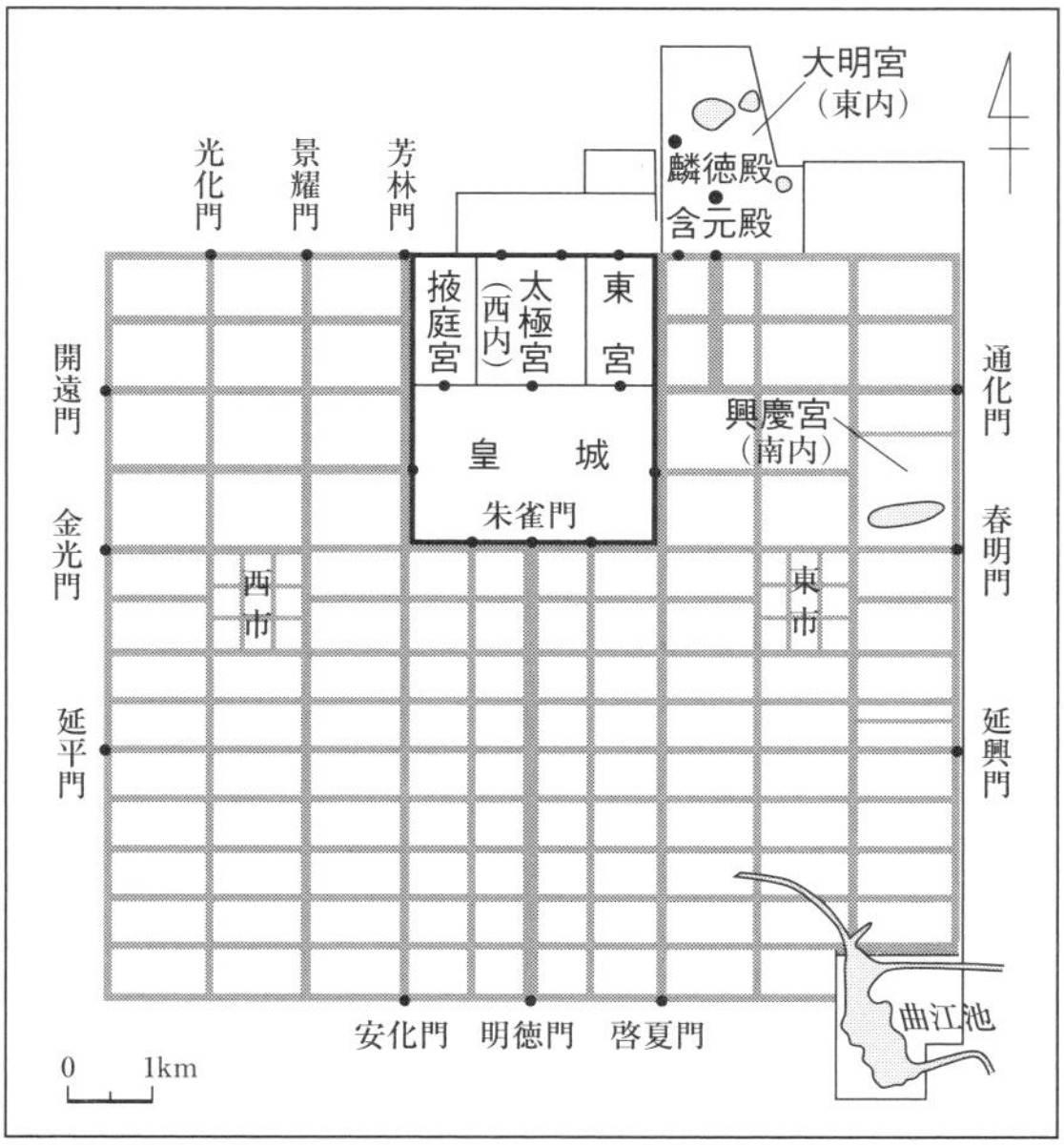

●──**唐の長安城**(渡辺晃宏『日本の歴史第04巻　平城京と木簡の世紀』講談社より)

●──**平城宮跡の景観**　復元された大極殿が上方に，朱雀門が下方に見える。

月後の六月に没したため、遷都は実現しなかったわけである。したがって当時はまだ、天皇が代替わりしても都は動かないということは、固定した原則ではなかった。平城遷都の詔の中で、王公大臣が天皇に対し新都の造営を勧めたことが述べられているのも、歴代遷宮の伝統がまだ根強く残っていることを示すものである。元明天皇は結局彼らの進言を受けたという形をとって、平城遷都を決意している。

彼女がわが子文武天皇の跡を受けて即位したのは七〇七年七月であった。そして翌年正月に和銅と改元し、二月には遷都の詔を発している。しかし平城遷都計画は文武天皇時代にすでに決まっていたとみられる。右に述べた天皇の諮問より一年前、七〇六年二月に実施した歳役《さいえき》の庸《よう》▲と、それに対応した百《ひゃく》姓身役《せいしんえき》▲の制定(『続日本紀』同月庚寅条・『類聚三代格《るいじゅうさんだいきゃく》』▲同月十六日勅)こそ、平城京造営に備え大量の労働力を動員するための措置であると考えられている。元明天皇が即位したとき、文武天皇によって路線が敷かれた平城京造営計画がすでに眼の前にあったのである。即位後まもなくそれに着手したことからも、平城京が元明天皇の新都として営まれたものであることがわかる。

▼**歳役の庸**　租《そ》・調《ちょう》と並び律令制下の基本的な税。庸は、本来正《せい》丁《てい》(二一〜六〇歳の男)なら年間一〇日間、都で力役に従事する歳役の代わりに出す物のこと。ただし日本では歳役は実施されず、すべて庸で徴収された。

▼**百姓身役**　七〇六(慶雲三)年二月に庸の半減にともなって新設された力役。年間九日以内なら無償で働かされ、一〇日以上になると庸、二〇日以上では庸・調が免除された。

▼**類聚三代格**　弘仁《こうにん》・貞観《じょうがん》・延喜《えんぎ》の三代の時に集成された格《きゃく》(律令を変更・補足した法令)を内容によって分類・編集した法制書。十一世紀の成立とみられる。

▼**大伴宿禰手拍**　?〜七一三(和銅六)年。撰善言司《せんぜんげんし》・尾張守を

新都の造営

さて、具体的な新都造営の経緯をたどると、まず遷都の詔の一カ月後、七〇八(和銅元)年三月に、正五位上大伴宿禰手拍《おおとものすくねたうち》を造宮卿に任命することから始まった。これは造宮省《ぞうぐうしょう》という令外官《りょうげのかん》の長官《かみ》である。長官の任命記事しかないが、それは『続日本紀』が五位以上の人しか記載しないという編纂方針をとっているためであり、実際は次官《すけ》以下の任命もあった。

それから半年、九月になると元明天皇は菅原に行幸し、さらに平城京の地を巡幸して地形を視察し、その後九月三十日に正四位上中納言阿倍朝臣宿奈麻呂《あべのあそんすくなまろ》と従四位下民部卿多治比真人池守《たじひのまひといけもり》を造平城京司長官に任命するとともに、次官三人、大匠《おおたくみ》一人、判官《じょう》七人、主典《さかん》四人を任じている。これで平城宮・京造営のための体制が整ったことになる。

興味深いことに宮の造営官司は省、京の方は司と、前者の方が格が高いのだが、実際には後者は長官二人体制をとり、かつ長官に任じられた人の位階・官職ともに前者より高くなっている。このことからすると、京の造営の方が重視されていることになるが、それも宮に比べて京が広大なことを考えれば、当然

歴任、死去時は造宮卿従四位下。

▼**造宮省**　平城宮造営のための令外官。職掌は宮の造営のみでなく、その後の殿舎の造営・維持修理にもあたり、常置とされたが七八二(延暦元)年に廃止。

▼**令外官**　令に規定のない官司・官職。

▼**阿倍朝臣宿奈麻呂**　?〜七二〇(養老四)年。蝦夷《えみし》への遠征で名高い阿倍引田臣《ひけたのおみ》比羅夫《ひらふ》の子。中納言・造平城京司長官を経て、死去時は大納言正三位。

▼**多治比真人池守**　?〜七三〇(天平二)年。丹比にも作る。左大臣嶋《しま》の子。民部卿・造平城京司長官・大宰帥《だざいのそち》・中納言を歴任し、死去時は従二位大納言。

▼**造平城京司**　平城京造営のための令外官。長官二人体制で発足したが、同司の記事はこの任官と、後述(一一頁)の墳墓発掘に関する勅のみで、造京時のみに置かれた臨時の官であった。

▼徭役　力役のこと。功銭《こうせん》・食糧を支給して強制的に雇う雇役《こえき》や雑徭《ぞうよう》(六九頁頭注参照)などがある。

のことといえよう。

もう一つは造京司《ぞうきょうし》の任命が、造宮省より半年も遅れているのである。これは遷都の詔に関わっている。すなわちそこでは「秋収を待ちて後、路橋を造るべし」と述べている。後述するように京には大路《おおじ》・小路《こうじ》が縦横に走り、必ず側溝を伴い、河川も流れていたから、かなりの数の橋を造らねばならなかった。したがって「路橋」とは、京の都市計画を象徴しているのである。つまり元明天皇は、造京工事は秋の収穫後に始めるよう宣言しているのであり、それにしたがって造京司の任命は九月末になったのである。これなら実際の造営事業の開始は冬に入ることになる。農業の妨げにならないようにという配慮であろう。

律令制下では、人々を徭役《ようえき》▲労働に徴発する場合、閑月＝農閑期に行なうよう配慮していた。閑月とは十月一日から翌年二月末あるいは三月末までであった。造京事業の開始は、これを考慮したものであろう。しかし逆に、京造営事業の時間的余裕をなくし、集中的に人々を動員することになったことであろう。

新都造営過程では、七〇八年十一月に菅原の地の民九十余家を遷し、布と穀を支給したが、それはおそらく宮予定地の民を対象にした措置であろう。なぜなら京予定地内に居住していたのは菅原の人々のみではなかったし、その数からいっても宮内のことと考えられるからである。現在では菅原の名を伝える奈良市菅原町は宮から西にやや離れた所にあるが、それは移転させられた人々とともに、地名も動いた結果、あるいは宮内にまで菅原が及んでいたためではなかろうか。それに対し京予定地内に住んでいた人たちは、移動させられた人々もいたが、都市計画施行後も元の地に住み続けることが多かったとみられる。

また翌年十月には造平城京司が墳墓を暴いてしまった際は、遺骸を埋葬して祭るようにとの勅を出している。これは造営省にもあてはまろう。よく知られているように、平城宮の北に接する平城《へいぜい》天皇陵▲は、もとは前方後円墳であったが、宮造営に伴って前方部が削平されて、あたかも円墳であるかのようになったものである。宮内にはこの他にも、削られてしまった前方後円墳が内裏《だいり》から第二次大極殿《だいごくでん》にかけてあり(神明野《しめの》古墳▲)、勅を裏付ける。これに象徴されるように、新都造営は実に大規模な土木工事であった。宮内には北の平城山丘陵から続く大きな尾根や谷が南北に走るが、第一次大極殿院では、二メートルもの厚さの盛り土をして谷を埋めたてていることが発掘によって判明している。

▼平城天皇陵　正式名称は「楊梅陵」。小字《こあざ》名をとり市庭《いちにわ》古墳と呼ばれる、古墳時代中期の前方後円墳。南側の前方部が削られ後円部のみ残り、平城天皇陵にあてられている。墳丘全長は約二五〇メートルに復元される。

▼神明野古墳　平城宮第二次大極殿の下層にあった、古墳時代中期の前方後円墳。墳丘全長は約一二〇メートルに復元される。

さらに造都事業に伴う措置をいくつかあげてみると、一つは和同開珎《わどうかいちん》▲の発行がある。これはすでに指摘されているように、造営事業に必要な労働力確保や資材購入の支払い手段を作り出すために、政府がとった方策である。政府自身が鋳造貨幣に対し、銅の地金より高い法定価値を決めることができたからである。二つ目は遷都後のことであるが、平城京を中心とした駅《えき》制▲と烽《とぶひ》制▲の再編がある。いずれもそれまでの藤原京を中心としたものから平城京中心へ動かすという当然の措置である。これにより京近辺で新たな駅や烽の設置がみられた。そして最後に諸国から造都のために徴発した役民《えきみん》の逃亡による治安悪化への対策や、食糧不足で帰郷困難な役民への賑恤《しんじゅつ》▲など、諸矛盾への対応策をいくつかとっていることがあげられよう。

さて、造営事業が昼夜を分かたず進められた結果、詔からわずか二年後の七一〇年三月十日、ついに元明天皇は都を平城京に遷すに至った。しかし、それは平城宮・京の完成を意味したわけではなかった。大極殿さえできてはいなかった。とりあえずの政務の遂行に支障がない程度に造営が進んだときに、遷都は行なわれたのであって、それ以後も造営事業は続けられたのである。

▼**和同開珎**　七〇八（和銅元）年発行の銭。銅銭と銀銭があるが、銀銭は七一〇年に禁止された。わが国最初の鋳造貨幣といわれていたが、七世紀後半の無文《むもん》銀銭や富《ふ》本銭《ほんせん》の存在がわかってきた。

▼**駅制**　官道上に三〇里（約一六キロメートル）ごとに置いた駅家の駅馬を、急ぎの公使＝駅使《えきし》が乗り継いで中央と地方を結ぶ制度。七一一（和銅四）年に京に近い部分の駅路を再編し、駅家を新設した。

▼**烽制**　火と煙を利用した緊急情報通信制度。四〇里ごとに設置し、外敵侵入などの緊急時に、昼は煙を、夜は火を焚いて、次の烽に情報を伝達した。七一二（和銅五）年に高安《たかやす》烽を廃止し、高見《たかみ》烽（生駒山か）と春日《かすが》烽を新設した。

▼**賑恤**　高齢者や家族のいない老人、父のいない子、病人や被災者などの社会的弱者に、稲穀・布・塩などを天皇の恩恵として支給すること。賑給《しんごう》ともいう。

②—平城京の都市計画と住人

条坊制

本章ではまず、条坊《じょうぼう》制と呼ばれる平城京の都市計画についてみることにしよう。条坊制とは、水田区画である条里《じょうり》制▲に対し、都城における街区の都市計画のことである。すなわち縦横に走る大路《おおじ》・小路《こうじ》によって、京内には碁盤《ごばん》の目のような区画が造られた。図(次頁)のように京は中央を南北に走る朱雀《すざく》大路によって左京と右京▲に分かれ、一八〇〇尺ごとに縦横に走る大路によって、東西方向の帯である「条」、南北方向の帯である「坊」が造られ、それらによってこれも「坊」という呼び名の区画に分けられた。条は北の一条から南の九条まであり▲、坊は朱雀大路を中心にそれから離れる方向に一坊から四坊まであり、左京では五条以北に七坊までの張り出し部があった。そこをふつう外京《げきょう》と呼んでいるが、その呼び名は関野貞《せきのただし》氏が始めたことであって、本来は左京の一部である。

区画としての坊は、条と坊の交わりで特定され、左京三条二坊のように表現された。各坊の中は縦横三本ずつの小路によって、一六区画に細分されたが、

▼**条里制**　律令制下で土地の管理のために作られた地割の呼称。六〇歩(約一〇九メートル)四方の土地の面積を一町《ちょう》とし、それを縦横六つずつ、計三六町からなる区画を里《り》という。里の縦・横の並びを条・里と称し、一町の区画を坪《つぼ》と呼び、一般に〇条〇里〇坪と数字で表すようになった。

▼**左京・右京**　朱雀大路の東側が左京、西側が右京で、それぞれ左《さ》・右京職《うきょうしき》が管轄。京に行政的に左・右京が初めて設定されたのは、大宝令《たいほうりょう》施行以後の藤原京とみられる。

▼**九条まであり**　二〇〇五年からの調査で、左京九条一・二坊の南にあたる大和郡山市下三橋《しもみつはし》遺跡では、奈良時代初頭の条坊道路の延長部と掘立柱列の羅城がみつかった。その後、右京域でも十条部分の道路の存在が判明し、京域は当初十条まで広がっていたが、のちに九条に縮小されたことがわか

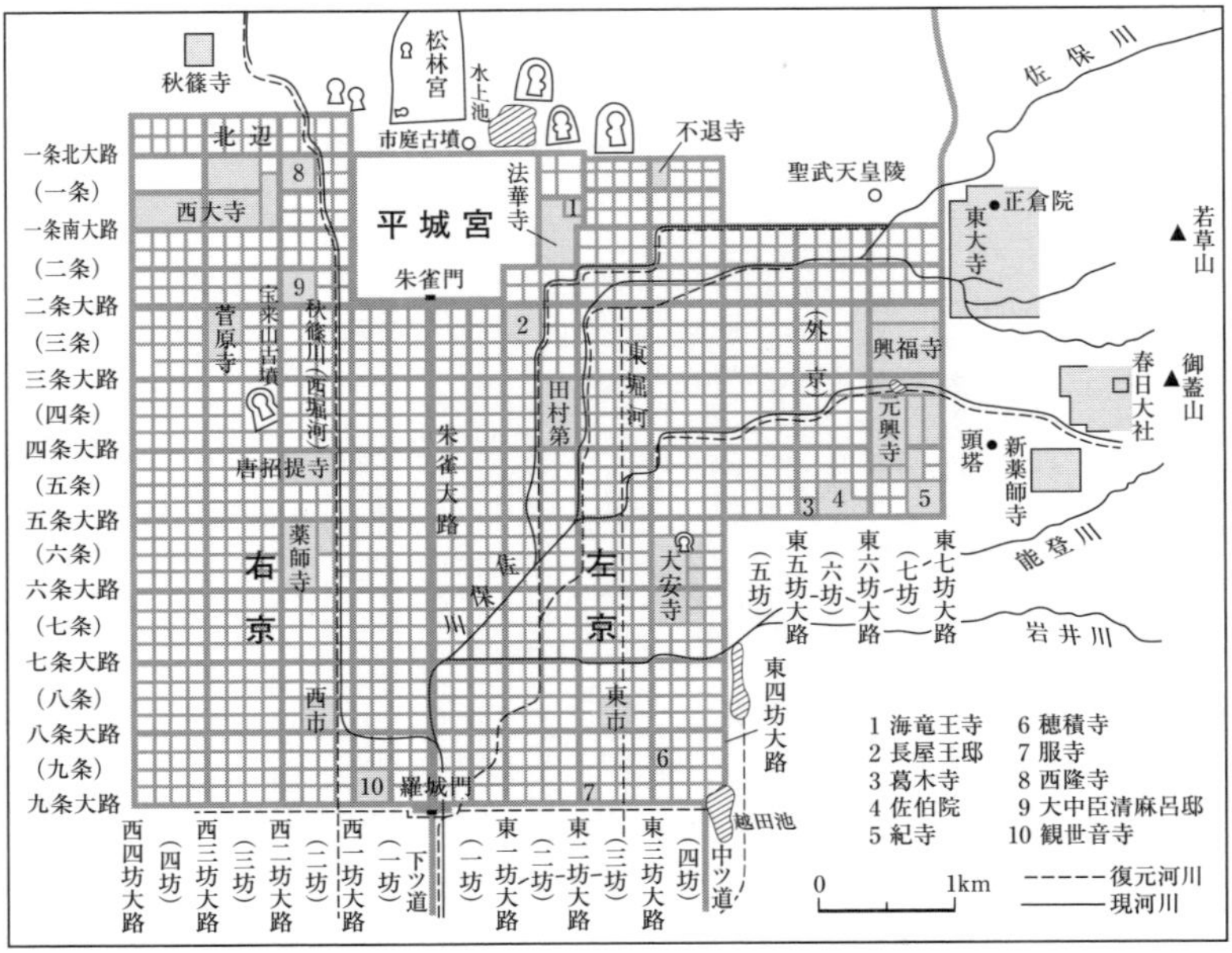
秋篠寺
松林宮
水上池
市庭古墳
不退寺
聖武天皇陵
佐保川
正倉院
東大寺
若草山
北辺
西大寺
平城宮
法華寺
朱雀門
宝来山古墳
菅原寺
秋篠川（西堀河）
田村第
東堀河
（外京）
興福寺
元興寺
春日大社
御蓋山
頭塔
新薬師寺
唐招提寺
朱雀大路
薬師寺
右京
佐保川
左京
大安寺
能登川
岩井川
西市
東市
羅城門
越田池
一条北大路
（一条）
一条南大路
（二条）
二条大路
（三条）
三条大路
（四条）
四条大路
（五条）
五条大路
（六条）
六条大路
（七条）
七条大路
（八条）
八条大路
（九条）
九条大路
西四坊大路
（四坊）
西三坊大路
（三坊）
西二坊大路
（二坊）
西一坊大路
（一坊）
下ツ道
（一坊）
東一坊大路
（二坊）
東二坊大路
（三坊）
東三坊大路
（四坊）
東四坊大路
中ツ道
東五坊大路
（五坊）
東六坊大路
（六坊）
東七坊大路
（七坊）
1 海竜王寺
2 長屋王邸
3 葛木寺
4 佐伯院
5 紀寺
6 穂積寺
7 服寺
8 西隆寺
9 大中臣清麻呂邸
10 観世音寺
0
1km
復元河川
現河川

●——平城京図

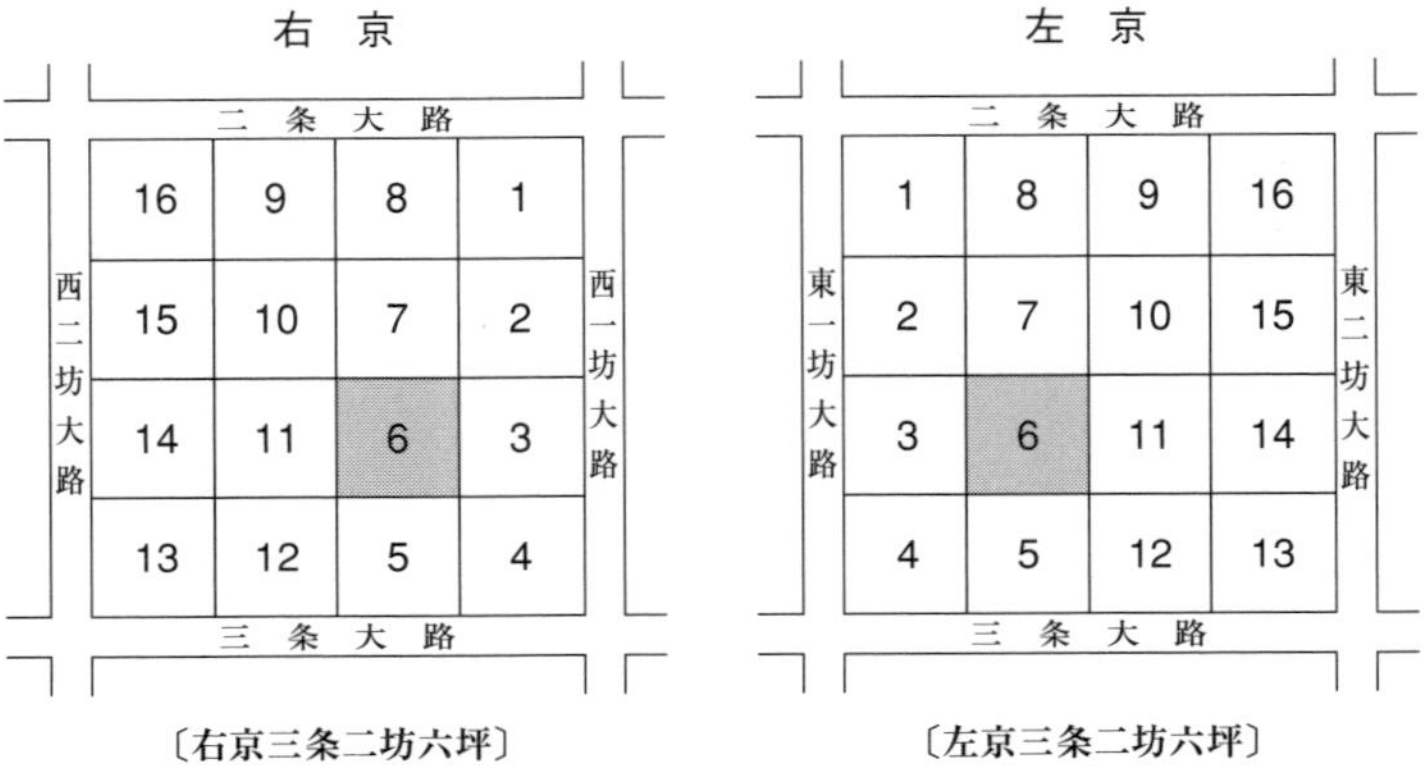
右京
二条大路
16 9 8 1
15 10 7 2
14 11 6 3
13 12 5 4
西二坊大路
西一坊大路
三条大路
〔右京三条二坊六坪〕
左京
二条大路
1 8 9 16
2 7 10 15
3 6 11 14
4 5 12 13
東一坊大路
東二坊大路
三条大路
〔左京三条二坊六坪〕

●——平城京の坪割

った。条坊道路の範囲や、いつ、なぜ縮小されたのかなどは、まだ今後の課題である。

こうしてできた小区画を坪《つぼ》といい、その広さを一町といった。そして朱雀大路に近い側の北から始まり南へ行きジグザグに、一坪から十六坪まで数詞で呼ばれた。ただし坪の呼び名は奈良時代には確認できず、平安時代になってから新たにできたものと考えられるが、本書では便宜上それを用いることにする。

なお右に大路は一八〇〇尺(約五三二メートル)間隔であることを述べたが、その意味は道路の中心から中心までの距離が一八〇〇尺であるということである。すなわちまず京予定地に一八〇〇尺間隔で計画線を引き、その両側に一定の幅を取って大路を設定したのである。小路も同じように四五〇尺間隔で中心線が引かれることによって敷設された。大路・小路の両側には必ず側溝が掘られ、京内の排水が図られた。

道路の幅は大路・小路によって異なり、またそれぞれの中でも大小があった。最も広いのは朱雀大路で、両側溝の中心間距離七四メートル、次いで宮の南辺を東西に走る二条大路で約三七メートル、以下大路幅にも二四メートル、一六メートル、一四メートル、九メートルなどの差があった。小路はさらに狭く、一〇メートル以下の幅であった。しかしながら狭いといっても当時の一般的な道路に比べれば広く、かつ四五〇尺ごとにこうした広い道路が走り、多くの衢《ちまた》を形成しているというのは、農村にはみられない都城特有の景観であった。

都城特有の景観といえば、朱雀門▲から南を望んだときの偉容は、他所ではみられないものであった。眼前に巨大な幅の朱雀大路がまっすぐに伸び、その先には羅城門《らじょうもん》▲が霞んでみえる。朱雀大路の両側には柳並木が続き、側溝と築地《ついじ》塀《べい》が走り、直線的な景観を形成している。朱雀大路の北端にあたる左・右京三条一坊一坪には築地塀がなく、朱雀門の前が広大な広場になっていたようだ。七三四(天平六)年二月、聖武《しょうむ》天皇は朱雀門に出かけ、男女二四〇余人による歌《うた》垣《がき》▲をみ、都中の士女も見物するという華やかな行事があったが、歌垣が繰り広げられたのはまさにこの広場であったのではなかろうか。

一方羅城門の東西では羅城がどこまで造られていたか諸説あったが、近年の調査▲によると東側では一坊部分にのみ、二列の掘建柱《ほったてばしら》からなる羅城があった。東西あわせても約一キロメートルにすぎない。中国の羅城のように京全体を囲うものではなく、かつ木造なので軍事的性格は弱いといわざるをえない。その点は平城京に限らず、日本の都城の大きな特徴である。しかしながら、衛門府《えもんふ》、

▼朱雀門　朱雀大路北端にあたり、宮城南端中央の門。一九九八(平成十)年に復元された平城宮の朱雀門は、東西五間(約二五メートル)、南北二間(約一〇メートル)の規模で、二重の屋根をもつ。カバー裏写真参照。

▼羅城門　朱雀大路南端の、京の正面玄関となる門。羅城は本来京を囲む城壁のことで、唐《とう》の長安《ちょうあん》城では羅城で囲まれた京の四周に三つずつ門が造られ、固有名詞で呼ばれた。日本では京を取り囲む羅城がなかったから、羅城に開く門は一つしかなく、羅城門が固有名詞になった。

▼歌垣　男女が集団で歌を掛け合う行事で、本来は豊作を祈るときなどに行なわれた農耕儀礼。求婚の場となった。七三四(天平六)年の歌垣は、宮廷儀礼として取り入れられたもの。

▼近年の調査　大和郡山市下三橋遺跡での調査。一三頁頭注参照。

左・右衛士府《えじふ》、左・右兵衛府《ひょうえふ》の五衛府《ごえふ》▲に加え、七二八(神亀五)年に設置された中衛府《ちゅうえふ》▲を合わせ、最盛期には数千人規模の兵が平城京に集結しており、京の軍事的性格が他の地域を圧倒していたことは間違いないところである。

景観に戻ると街路樹としては、越中守《えっちゅうのかみ》時代に大伴家持《おおとものやかもち》▲が詠んだ「春の日に張れる柳を取り持ちて見れば都の大路思ほゆ」(『万葉《まんよう》集』巻一九—四一四二)によれば、柳が植えられていたことが知られるが、さらに次のような木簡《もっかん》から槐《えんじゅ》も用いられていたとみられる。

右京四條進槐花六斗　六月八日少属大網君
　　　　　　　　　　智万呂
(奈良国立文化財研究所『平城宮発掘調査出土木簡概報』〈以下、『城』と略記〉二二)

なお京内を流れるのは、道路側溝だけではなかった。佐保《さほ》川のような自然河川も流れていた。その一つ、右京を南北に流れる秋篠《あきしの》川は、ほぼ西一坊大路の一町西をまっすぐに南下している。同川を『今昔《こんじゃく》物語集』(第一二巻二〇話)では「西堀河」▲としており、人工的に流路が変えられたとみられる。また左京の三坊では、四三頁でも触れるように、幅一〇メートルほどもある人工的に掘られた堀河が南流していることが発掘調査で確認されている。これらは京内の基幹排

▼五衛府　律令制下の中央の軍事組織である、衛門府、左・右衛士府、左・右兵衛府の総称。分担して宮城の諸門や役所、天皇身辺、京内の警護にあたった。

▼中衛府　七二八(神亀五)年に新設された中央軍事組織。天皇の身辺警備にあたった。

▼大伴家持　七一八？～七八五(養老二～延暦四)年。旅人《たびと》の子。死去時は中納言従三位《じゅさんみ》。ただしその直前には、中納言従三位兼春宮《とうぐうの》大夫《だいぶ》・陸奥按察使《むつのあぜち》・鎮守府将軍とみえる。『万葉集』の最終的編纂者とみられ、自身の歌四七三首を収める。七四六(天平十八)年から七五一(天平勝宝三)年まで勤めた越中守時代の歌も多い。

▼西堀河　堀河とは人工河川のこと。『今昔物語集』には「此ノ寺(＝薬師《やくし》寺)ノ東ノ大門ノ前ニ西ノ堀河流レタリ」とみえ、秋篠川が西堀河と呼ばれていたことがわかる。

水路としての役割とともに、水運の道としても機能したのである。

ところで、京内の行政はどうなっていたかというと、職員令《しきいんりょう》によると左・右京それぞれを統治する左・右京職《きょうしき》があった。そこには長官である大夫《かみ》一人以下、亮《すけ》一人、大進《だいじょう》一人、少進二人、大属《だいさかん》一人、少属二人などの役人がいた。その下には坊令《ぼうれい》一二人が属したが、それは東西に並んだ四つの坊、すなわち各条を管轄する役人であった(ただし外京をもつ左京の部分では、七つの坊を管轄したのであろう)。そうであるなら左・右京とも各九人いればすむはずであるのに、一二人という規定になっているのは、大宝令《たいほうりょう》ができた当時の藤原京に合うような定員になっているからとみられている。そして各坊には坊長《ぼうちょう》が置かれた。

それに対し地方では、国—郡—里(後に郷)という行政機構が作られ、それに応じて国司《こくし》—郡司《ぐんじ》—里長《りちょう》(郷長)という役人が置かれた。これと対比するとき、国と左・右京、郡と四坊＝条、里(郷)と坊が対応関係にあることがわかろう。

宅地の班給

都が新しく営まれると、官人《かんじん》たちは当然のことに新しい宮に仕えることにな

▼宅地班給基準　官人に対して京内に宅地を支給するときの面積の基準で、位階に応じて決められた。藤原京以外に、七三四(天平六)年九月の難波京のものが知られる。それは三位以上は一町以下、五位以上は二分の一町以下、六位以下は四分の一町以下と、藤原京に比べて小さい。

▼直広弐　後に出る直大参・勤などとともに六八五(天武天皇十四)年に定められた冠位。諸臣に

ついては、正・直・勤・務・追・進の中が壱・弐・参・肆の四階に分かれ、さらにそれぞれ大・広が作られ、正大壱から進広肆まで四八階あった。

▼**丹比嶋**　六二四～七〇一(推古天皇三十二～大宝元)年。多治比にも作る。宣化《せんか》天皇の曾孫多治比王の子。右大臣を経て、七〇〇(文武天皇四)年までには左大臣になり、翌年左大臣正二位で死去した。

●──藤原京の宅地班給基準

右大臣(2～3位)		4町
直広弐(従4位下)以上		2町
直大参(正5位上)以下		1町
勤(6位)以下無位以上	上戸	1町
〃	中戸	1/2町
〃	下戸	1/4町

る。そうなれば彼らは新京に家を造り、そこから宮に通うことになる。したがって政府は官人に家を造るべき土地、すなわち宅地を班給するという措置をとった。しかし残念ながら平城京について、そのことを語る史料は残っていない。

それに対し藤原京については、京造営途中の六九一(持統天皇五)年十二月に宅地班給基準▲が出されている。それによれば右大臣には四町、直広弐《じきこうに》▲以上には二町、(直《じき》)大参《だいさん》以下には一町、勤《ごん》以下無位までは戸口数にしたがって、上戸《じょうこ》は一町、中戸《ちゅうこ》は半町、下戸《げこ》は四分の一町というものであった。無位とは官人として務めながらまだ叙位されてない場合であるから、これは明らかに官人を対象にした措置である。時の右大臣は正広参《しょうこうさん》(大宝令制下では二～三位に相当)の丹比《たじひの》嶋《しま》▲、直広弐は従四位下相当、(直)大参は正五位上相当、勤位は六位に相当するから、大宝令の位階に直せば、二～三位は四町、それ以下は四位は二町、五位は一町、六位以下は一町・半町・四分の一町ということになる。

これが平城京にそのまま当てはまるかどうか、正確なところはわからないが、ほぼ適応するのではなかろうか。なぜなら文献史料から知られるところでは、五位以上の人、すなわち貴族の家はほぼ五条以北という、京内北半部の宮に近

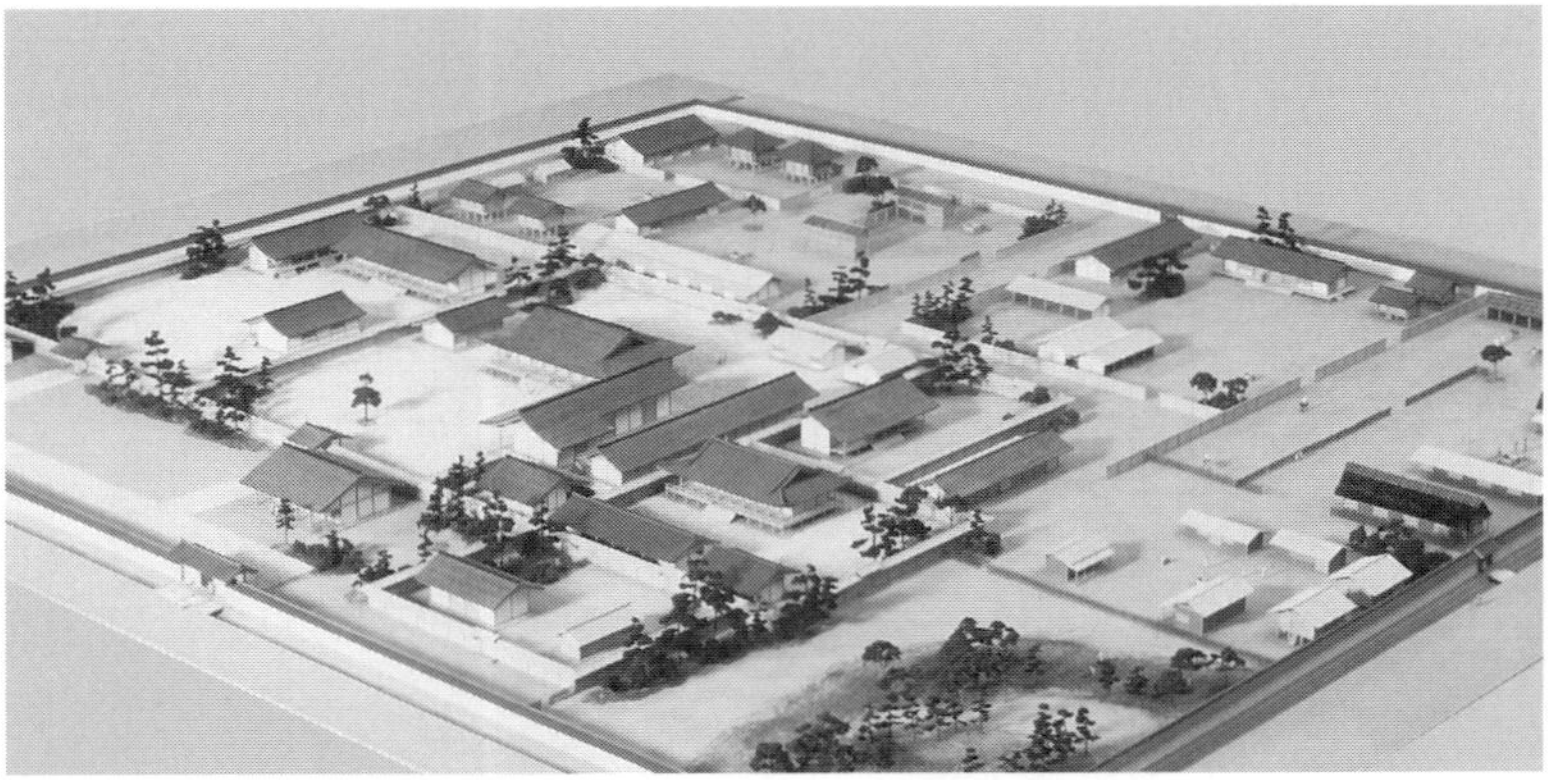

●──**長屋王邸模型**　長屋王邸は，左京三条二坊に4町(約250メートル四方)の敷地を占めていた。

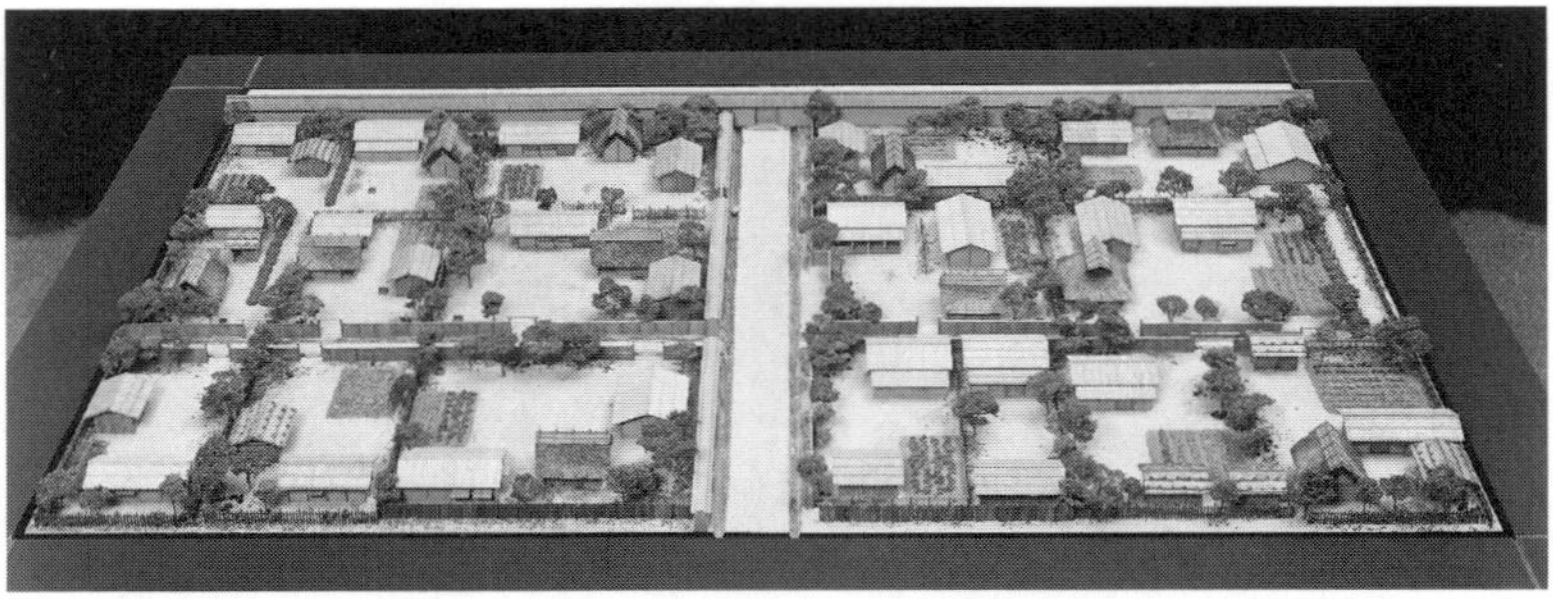

●──**小規模宅地の模型**　右京八条一坊のもので，宅地の面積は16分の1町と32分の1町とがある。

いところに営まれたが、発掘調査の成果によると一町以上の宅地もほとんど五条以北で確認されており、この両者の間に相関関係が認められるなら、五位以上は一町以上ということになり、先の藤原京での事例に適合するからである。

平城京についてこれまでの発掘調査で知られる宅地の規模は、四町・二町・一町・二分の一町・四分の一町・八分の一町・一六分の一町・三二分の一町などがあり、大まかにいえば、宮に近いほど大きく、宮から遠く離れるほど小さくなる傾向にある。また時代が下るにつれて小規模な宅地が出てくる。

一方文献史料では、写経所《しゃきょうじょ》▲に務める経師《きょうじ》たちが、宅地を質物として写経所から銭を借りた際の解《げ》(月借銭解《げっしゃくせん》▲)があり、それによると表(次頁)のように、一六分の一町・三二分の一町・六四分の一町という小規模なものであった。ただそれらは宝亀年間(七七〇年代)という、奈良時代後半のものであるから、こうした小規模宅地が当初から存在したとはいえない。むしろそこでは三二分の一町・六四分の一町を「十六分之半」「十六分之四一《しいち》」と表現していることからすると、本来一六分の一町を基準にした宅地の区分法があり、奈良時代後半になるとそれを細分して、三二分の一町・六四分の一町が登場してきたのであろう。

▼写経所　写経を行なうために臨時に置かれた組織。月借銭解が残る写経所は造東大寺司管轄下のもので、光明《こうみょう》皇后の皇后宮職《こうごうぐうしき》に所属したものが前身。さまざまな写経を行ない、そこで作成された文書や帳簿類が大量に正倉院《しょうそういん》に伝来する。実際に書写する経師《きょうじ》、料紙を整える装潢《そうこう》、誤字の訂正を行なう校生《こうしょう》などの技術者を、別当《べっとう》・案主《あんじゅ》・領《りょう》からなる事務組織が統括した。

▼月借銭　月単位で、利子付きで行なわれた銭の貸し付けのこと。その申込書が月借銭解。経師が写経所に提出した解が一〇〇通以上、正倉院に残る。質物(担保)には、将来払われるべき布施《ふせ》(給料)のほか、宅地・家屋、口分田《くぶんでん》、婢《ひ》などがあてられた。利率は宝亀年間(七七〇〜七八一)で月一三〜一五%と高かった。

●—月借銭解にみえる小規模宅地

年月日	経師名	「家」の所在	面　積
宝亀 3．2．25	丈部浜足	右京三条三坊	十六分之半(1/32町)
〃　3．11．27	〃	〃	十六分之半(1/32町)
〃　3．12．28	田部国守	左京九条三坊	十六分之四一(1/64町)
〃　3．12．28	占部忍男	〃	十六分之四一(1/64町)
〃　3．12．29	他田舎人建足 桑内連真公	左京八条四坊	十六分之一四分之一(1/64町)
〃　4．4．5	山部針間万呂	〃	卅二分之一(1/32町)
〃　5．2．10	大宅首童子	左京八条三坊	十六分一(1/16町)

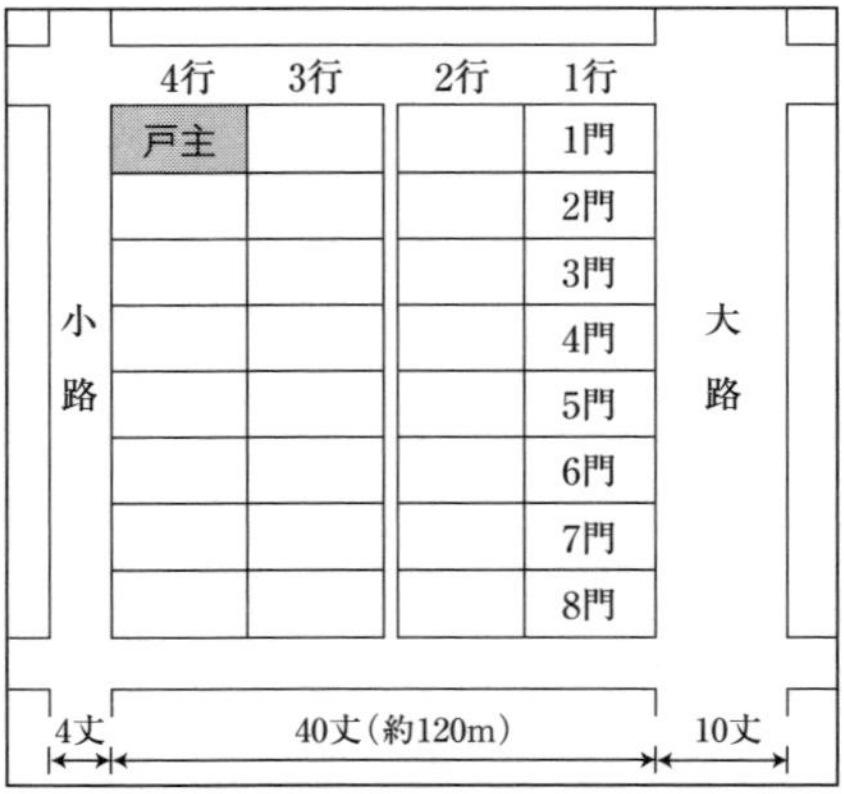

●—平安京の宅地割　右京の場合(岸俊男『日本の古代宮都』岩波書店より，一部加筆)

平安京では宅地の基本単位は戸主《へぬし》▲といい、それが三二分の一町であることも、この平城京の宅地区分とその変化に源があると考えられよう。

先ほど宅地班給は官人に対するものであるといったが、それ以外の人たちについてはどうであったのであろうか。残念ながら、具体的なことはわからない。おそらくはそれぞれの人が自分の政治的・経済的な力に応じて確保したり、あるいは京が設定される以前からそこに住んでいた人については、かつての宅地に即して班給されたりしたのであろう。

人口と階層構成

次に平城京の人口はどのくらいであったか。これについても、それを直接示すような史料はない。そこでさまざまな方法で推定が試みられている。九〇年以上も前に澤田吾一氏は、金沢市の人口との比較や、賑給《しんごう》▲に関わる七七三(宝亀四)年の太政官符《だいじょうかんぷ》▲にみえる高齢者数などから、約二〇万人と推定した。そして長らくこれが定説的位置を占めていたが、それに再検討を加えたのが岸俊男氏である。氏は『続日本紀』慶雲元(七〇四)年十一月壬寅条の「始めて藤原宮の

▼戸主　平安京における宅地区分の単位。一町(四〇丈＝約一二〇メートル四方)を東西四行《しごう》、南北八門《はちもん》の三二区画に分割した一単位。

▼賑給　賑恤《しんじゅつ》と同じ(一一二頁頭注参照)。

▼太政官符　太政官が諸官司や地方の国などに出す下達の文書。略して官符ともいう。詔勅《しょうちょく》をはじめとして、多くの法令が太政官符によって伝達された。当該官符については七三頁参照。

地を定む。宅の宮中に入れる百姓一千五百五烟に布賜ふこと差有り」の藤原宮を藤原京の誤りとし、その範囲内に一五〇五戸の人家があったとした。その上で平城京の面積は藤原京の約三倍であるから、平城京の戸数は約四五〇〇戸となるとし、それに七三三（天平五）年「右京計帳《うきょうけいちょう》▲」から復元される一戸の家族数の平均値一六・四人を乗じて約七万四〇〇〇人と計算し、七〇余年間の人口増加を見積もっても一〇万人前後であるとして、澤田説は多すぎると批判された。

ついで田中琢氏が平城京内で宅地に供された部分の面積と、「右京計帳」から導き出した成人男子一人あたりの家族構成人数、藤原京における宅地班給基準から復元できる一町内の成人男子数をもとに、約六万二〇〇〇人と算出し、その上で諸条件を入れて「一〇万人、むしろそれより少なかった」と推定された。

さらに鬼頭清明氏が、京内における庶民・番上官《ばんじょうかん》▲以下の官人の推定宅地面積と、彼らが居住したとみられる、発掘によって知られた一六分の一町という小規模宅地内の建物数とその推定居住者数（一四人ないしは七人）から算出した人数に、貴族・六位以下の長上官《ちょうじょうかん》▲とその家族、僧侶などの数を加え、一七万四〇〇〇人ないしは九万五〇〇〇人という数字を提起された。同時に、人口の階

▼右京計帳　計帳は毎年作成された課税台帳で、各戸から提出された手実《しゅじつ》という文書をもとに、戸ごとに戸口数と課口《かこう》・不課口の内訳、戸口の名・年齢・性別・身体的特徴、出すべき調庸《ちょうよう》の量などを書き記す。右京計帳は七三三（天平五）年の平城京右京の計帳で、三条三坊と八条一坊の一部が残るが、手実を貼り継いだものである。京戸の実態を語る貴重な史料。

▼番上官　毎日ではなく番を作って出勤する形態の官職。史生《ししょう》・舎人《とねり》・帳内《ちょうない》・資人《しじん》など。年間一四〇日（帳内・資人は二〇〇日）以上出勤すると考課（勤務評定）の対象となった。

▼長上官　諸官司の四等官をはじめとする、毎日出勤する官職。年間二四〇日以上出勤すると考課と季禄《きろく》支給の対象となった。

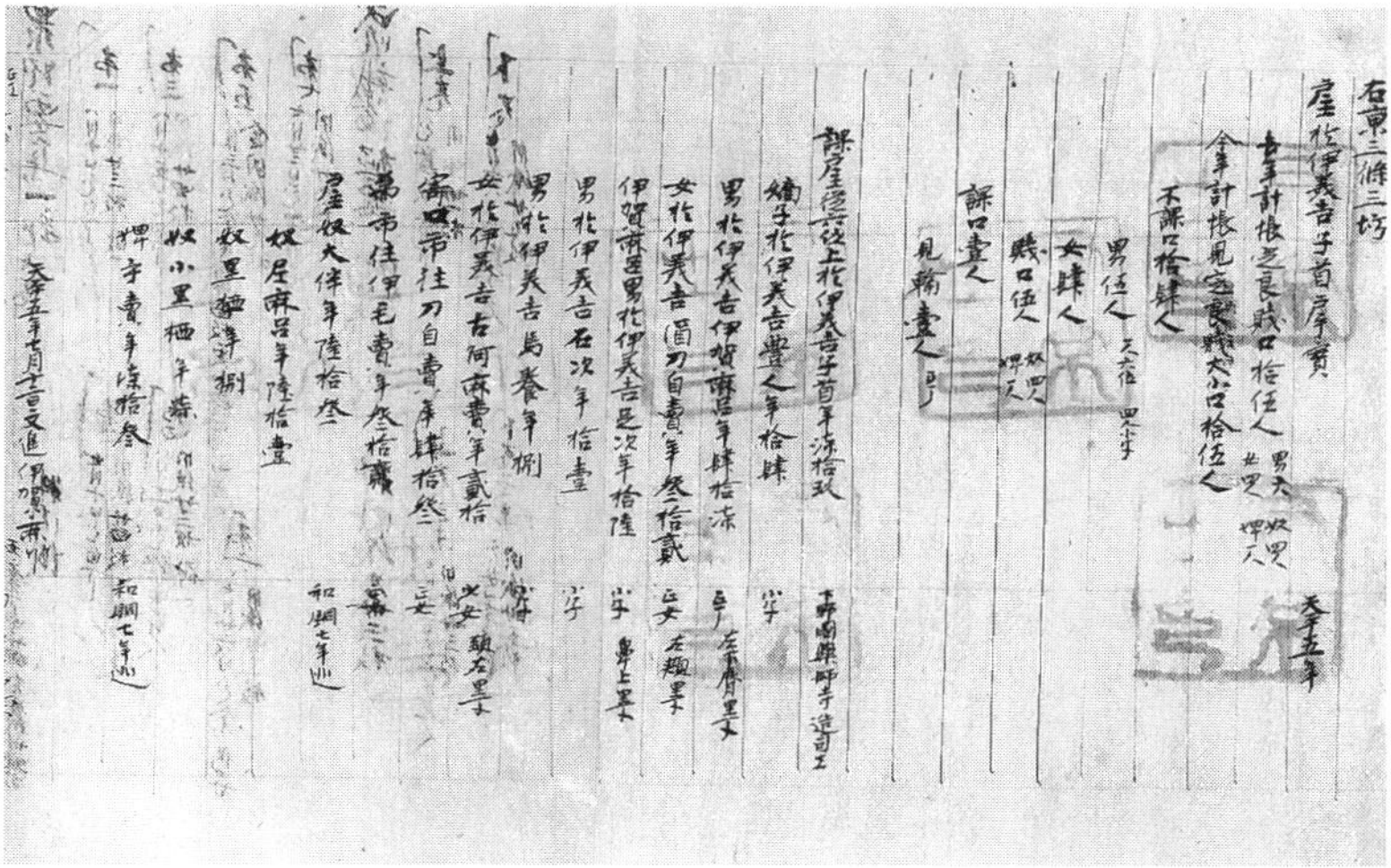

●──右京計帳(正倉院文書)

●──鬼頭清明氏による平城京の人口推計

	推計１		推計２	
	人　数	%	人　数	%
五位以上	1,200	0.6	1,200	1
六位以下の長上官	6,000	3	6,000	5
番上官と庶民	142,531	72	71,266	62
番上官	30,000	15	30,000	26
庶　民	112,531	57	41,266	36
仕丁・衛士など	20,000	10	20,000	18
奴　婢	27,630	14	16,028	14
計	197,361	100	114,494	100

鬼頭清明『古代木簡と都城の研究』塙書房より，一部改変。

層構成の復元を行ない、その結果として約一一万四五〇〇人あるいは一九万七四〇〇人と試算され(前頁表参照)、結局四種の数字を出された。

このように確定的な数字を出すことはできず、研究者によってかなりのばらつきがあるし、それぞれの根拠もそれほど強いものではない。例えば岸俊男説でいえば、平城京の面積が藤原京の三倍という前提は、近年の調査で藤原京域▲が岸氏の推定より広かったことが判明しているため、その成立が危ぶまれる。しかし、どの説でもとても二〇万人には及ばない。右の藤原京域の問題からすれば、岸氏の方法によるとさらに人数は少なくなる。したがって、せいぜい一〇万人前後とするところが妥当といえよう。

ただし、京内居住者がすべて京に本貫《ほんがん》▲をもつ京戸《きょうこ》▲であったわけではない。下級官人の中には、本貫は故郷に置きながら宮や貴族などに仕える者も多かった。そのことは宮内の式部《しきぶ》省▲跡や左京三条二坊の長屋王《ながやおう》邸跡で出土した、各官人の考課《こうか》▲に関わる木簡《もっかん》に記された彼らの本貫地をみれば、よくわかるところである。彼らは畿内諸国はもちろん、遠くは伊予《いよ》・肥前《ひぜん》や信濃《しなの》・陸奥《むつ》などの諸国からも出仕してきている。その多くは単身赴任であったとみられる。

▼**藤原京域**　藤原京域は廃都後に条里《じょうり》制が施行されたため、条坊《じょうぼう》制の実態は発掘調査によってしか判明しない。かつては東西を中《なか》ツ道・下《しも》ツ道、北を横大路《よこおおじ》、南を阿《あ》倍《べ》山田道《やまだみち》によって区切られた範囲とする岸俊男氏の説が有力であった。その後その外部でも条坊道路が見つかり、京域は正方形で、岸説の四倍以上を占めたとする説が有力になっているが、未確定。

▼**本貫**　どこの戸籍に登録されているかという本籍のこと。それがある場所を本貫地という。

▼**京戸**　京に本貫をもつ戸《こ》。

▼**式部省**　律令制の八省の一つ。文官の人事を担当する役所。平城宮における位置については三三頁参照。

▼**考課**　官人の勤務評定。毎年、官人は所属官司の長官によって、勤務ぶりに応じ、長上官は上々から下々まで九段階、番上官は上・中・下の三段階の評価を受けた。

逆に、京戸のすべてが京内に居住していたのではなかった。次章で述べるように、京戸の家族には、農業経営のために京外に居住する者が多かったとみられており、京戸のうち実際に京内にいたのは、その四分の一、ないし五分の一程度であったという北村優季氏の推計があるほどである。資料不足に加え、こうした錯綜状態が、人口推計を複雑で困難な作業にしているのである。

また人口中の各階層の人数であるが、それについては右の鬼頭清明氏による推計があるので、ここにそれを紹介しておこう（二五頁表参照）。二つの推計で大きく異なるのは庶民の数であるが、それは一六分の一町宅地内の居住人数を、竪穴《たてあな》式住居における居住人数推計式を援用して一四人とみるか、その半分の七人とみるかによっている。しかし、それ以外のところは奴婢を除いて変わらないので、五位以上の貴族が一二〇人前後（家族を含めて約一二〇〇人）、六位以下の長上官は約六〇〇人（同約六〇〇〇人）、番上官は約六〇〇〇人（同約三万人）、それに仕丁《しちょう》▲・衛士《えじ》▲などが約二万人、それに奴婢《ぬひ》▲の一部が平城宮に仕えた人々であった。彼らの集住地として平城京は営まれたのである。

▼**仕丁**　力役の一つ。五〇戸（＝里《り》）ごとに成年男子二人が上京し、諸官司の雑役に従事。二人のうち一人は立丁《りっちょう》として雑役にあたり、もう一人は廝丁《しちょう》といって立丁の食事の世話をした。七二二（養老六）年に期間は三年とされた。

▼**衛士**　兵士の一種。各地の軍団兵士の中から上京し、衛門府《えもんふ》や左《さ》・右衛士府《うえじふ》に属し、宮内の警備や行幸《ぎょうこう》の供奉などにあたった。七二二（養老六）年に三年交替とされたが、養老令では一年交替。

▼**奴婢**　家人《けにん》・奴婢《ぬひ》（五三頁頭注）参照。

③—平城宮の実相と官人

平城宮の構造

平安宮については宮城図▲が残存しているから、その内部構造をそれによって知ることができる。しかし平城宮にはそうした物がないから、発掘調査によるしかない。そしてそれは奈良(国立)文化財研究所▲によって継続的に行なわれている。ここではその成果によりながら、平城宮の構造をみてみよう。

具体的な話に入る前に、宮内にある主要な施設について説明しておく。まず内裏《だいり》は天皇の居住施設である。大極殿《だいごくでん》は最も重要な建物で、元日の朝賀や天皇の即位式、外国使節の朝拝(謁見)などの国家的儀式に際し、天皇が出御してくる殿舎である。そこには天皇の座席である高御座《たかみくら》が置かれていた。朝堂院《ちょうどういん》は朝堂という建物が建ち並ぶ一郭で、儀式や政務を執る際に官人がいる場所であった。平安宮では一二の朝堂があり、中央北部には朝庭が広がっていた。ただし朝堂院という名称は平安宮以後に成立したものであるが、本書では便宜的にその名を用いることにする。曹司《ぞうし》は各省・寮・司などの官司の庁舎である。

▼**宮城図**　宮城(大内裏《だいだいり》)内部の施設配置を描いた図。大内裏図ともいう。平安宮についてはいくつか写本が残り、陽明文庫所蔵の一三一九(元応元)年書写のものが最古(写真次頁)。

▼**奈良(国立)文化財研究所**　一九五二(昭和二十七)年に設立された文化財の総合研究組織。平城宮跡・藤原宮跡の発掘調査・整備などを担当している。二〇〇一(平成十三)年度から独立行政法人となり、現在は独立行政法人国立文化財機構奈良文化財研究所。

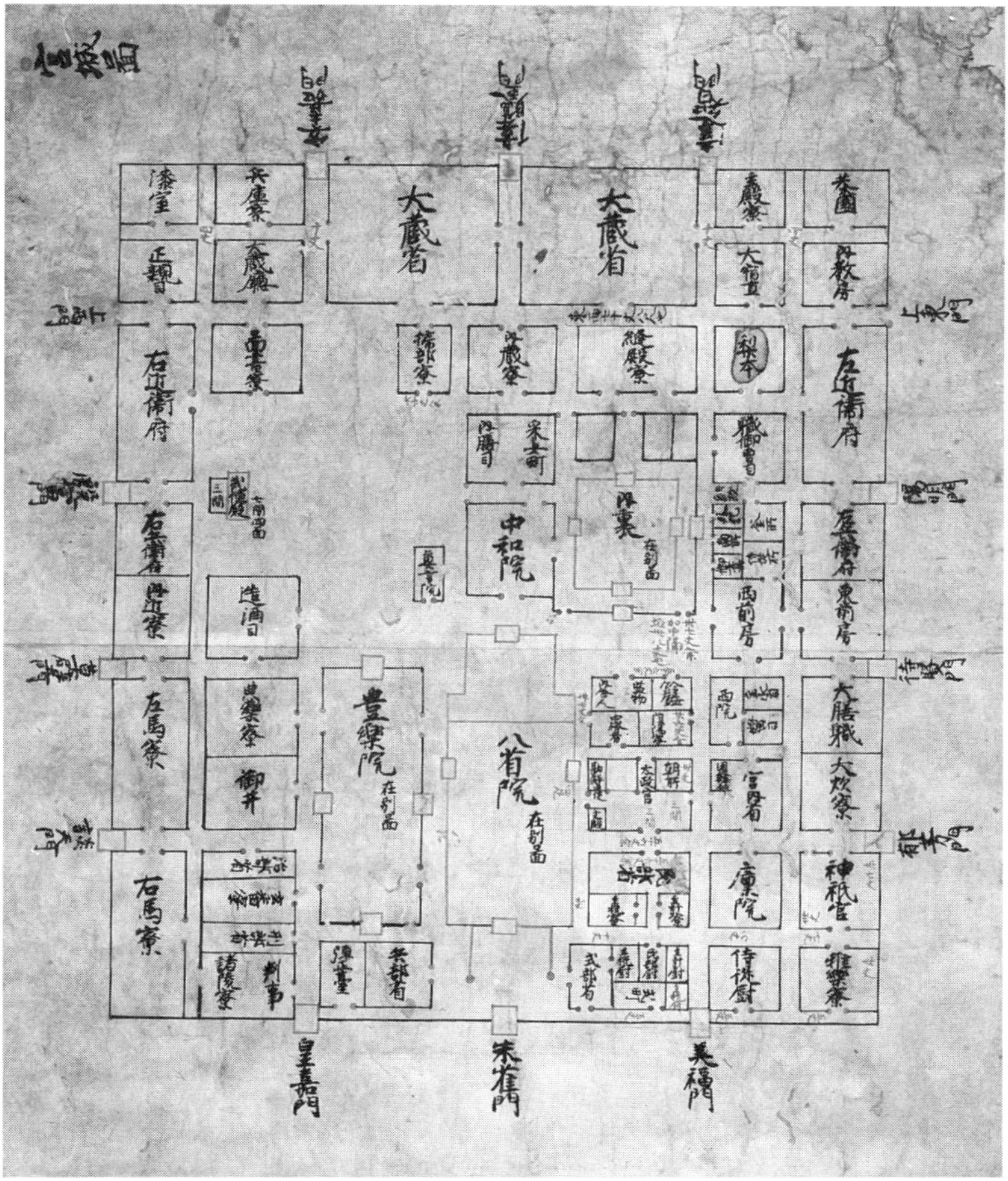

●──**陽明文庫本宮城図**　近衛家に伝来したもので，1319（元応元）年に書写された平安宮の図。平城宮の内部構造を復元するときも参考になる。

平安宮では朱雀門の北に南から朝堂院・大極殿(前頁の図では朝堂院を八省院とし、大極殿はその北部の凸部に位置する)があり、そこから離れ東北方に内裏があった。また朝堂院の西には豊楽院《ぶらくいん》という饗宴の場があり、天皇が出御する豊楽殿と、その前面東西に二棟ずつ並ぶ朝堂などから構成されていた。またこれらの中枢施設の周囲には、多くの曹司が所狭しと建ち並んでいた。

さて平城宮に戻ると、その平面形は他の宮とは異なり、東辺の一部が東に張り出している。その部分の南半部は東院《とういん》(東宮《とうぐう》)と呼ばれる一郭である。ここは平城遷都当時、将来の即位を目されていた首《おびと》皇子(後の聖武《しょうむ》天皇)の居所になったとみられている。

平城宮の内部構造、とりわけ中枢部は奈良時代の前半と後半とで大きく異なっていた。その変化のきっかけは、七四〇(天平十二)年から七四五年まで聖武天皇が平城宮を離れ、都を恭仁《くに》宮▲・難波《なにわ》宮▲・紫香楽《しがらき》宮▲に次々に遷していたことで、平城宮に戻ってきた後、宮内の大規模な改築が実施されたのである。

まず奈良時代前半には、朱雀門の北には四堂の朝堂からなる朝堂院と、その北に大極殿があった。大極殿のある広大な一郭(大極殿院)の北三分の一が一段

▼**恭仁宮**　七四〇(天平十二)年に起こった藤原広嗣《ひろつぐ》の乱の最中に聖武《しょうむ》天皇は平城宮を離れ、山背国《やましろ》相楽《さがらか》郡に遷都。京都府木津川市の木津川北岸に遺跡がある。その大極殿は平城宮から移築したもの。七四四年に難波宮に遷都。

▼**難波宮**　難波に営まれた宮城。大阪市法円坂町に、七世紀中頃から八世紀末にかけての、二時期の宮殿遺構がある。前期難波宮は孝徳《こうとく》天皇のときの難波長柄豊碕《ながらのとよさき》宮とみられ、後期難波宮は聖武天皇のときに整備されたもの。七四四(天平十六)年に皇都とされたが、翌年紫香楽宮に遷都。後に長岡宮に大極殿や朝堂院が移築された。

▼**紫香楽宮**　聖武天皇が恭仁宮にいたときに営んだ離宮《りきゅう》に始まり、七四五(天平十七)年に難波宮から遷都。滋賀県甲賀市の宮町遺跡がそれにあたる。七四四年から甲賀宮と呼ばれるようになった。

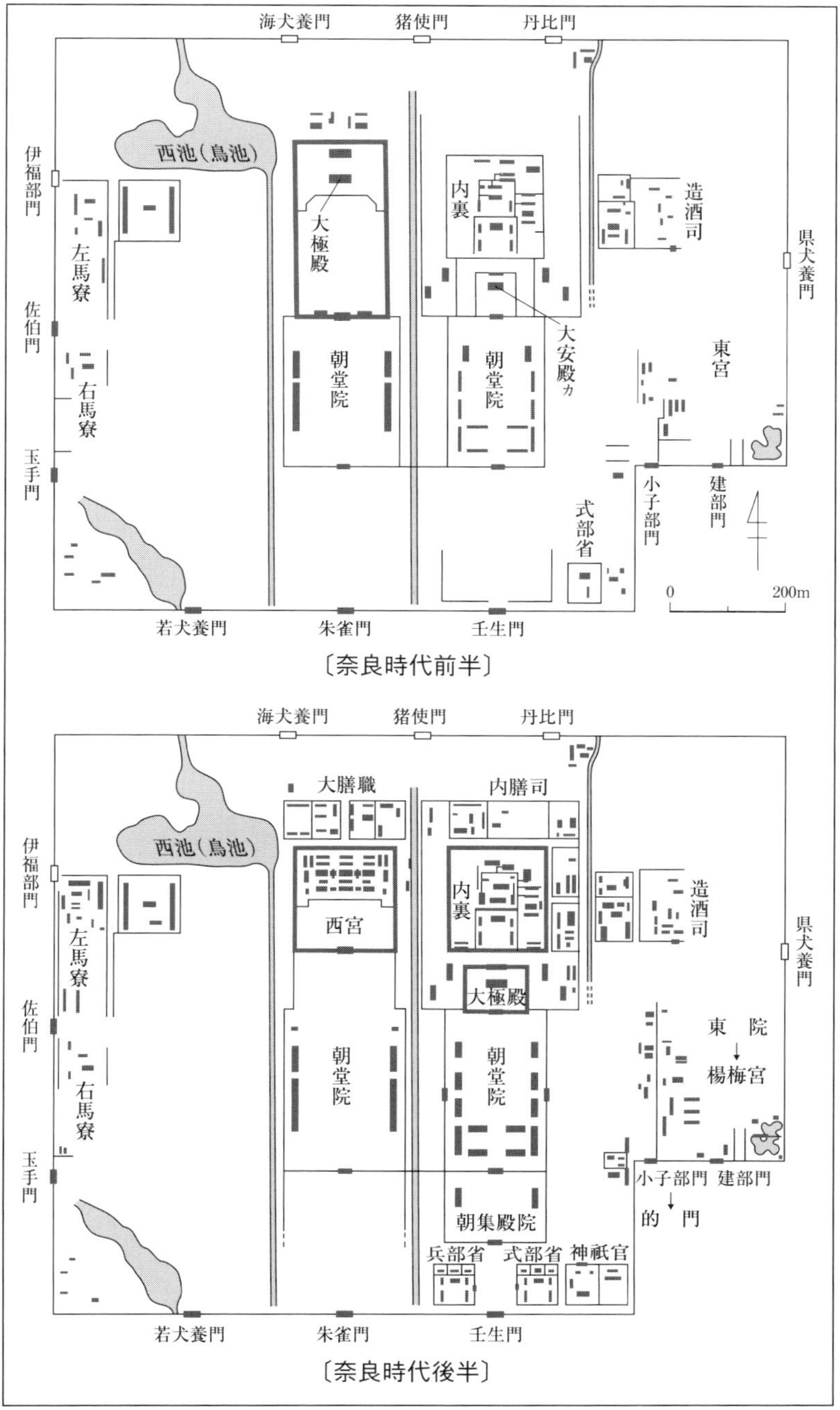
海犬養門
猪使門
丹比門
西池(鳥池)
大極殿
内裏
造酒司
伊福部門
左馬寮
県犬養門
佐伯門
大安殿カ
東宮
朝堂院
朝堂院
右馬寮
玉手門
小子部門
建部門
式部省
0
200m
若犬養門
朱雀門
壬生門
〔奈良時代前半〕
海犬養門
猪使門
丹比門
大膳職
内膳司
西池(鳥池)
伊福部門
内裏
造酒司
西宮
県犬養門
左馬寮
大極殿
佐伯門
東　院
↓
楊梅宮
朝堂院
朝堂院
右馬寮
玉手門
小子部門
建部門
↓
的　門
朝集殿院
兵部省
式部省
神祇官
若犬養門
朱雀門
壬生門
〔奈良時代後半〕

●──平城宮図(検出遺構のみ)

高くなっており、大極殿はそこに建っていた。朱雀門の東にある壬生《みぶ》門の北では、大極殿の東に内裏、その南に塀で囲まれた大規模な掘立柱建物、さらにその南に一二の掘立柱建物である朝堂からなる朝堂院が展開していた。

それが後半になると、前半の大極殿院は南北が短くなり、その北半部の壇上には多くの建物が建ち並ぶようになった。なお前半の大極殿は恭仁遷都に伴い、恭仁宮に移築されている(『続日本紀』天平十五年十二月辛卯条)。その南では、前半以来の四棟の朝堂がそのまま残っている。そしてこれらの東では、内裏は前半以来の位置を保っていた。その南では、奈良時代前半の大規模建物や朝堂が、ほぼそのままの位置・規模で礎石《そせき》建物に造り替えられ、前者の大規模建物は大極殿として用いられた。

そしてこれらの中枢部の周囲には、多数の曹司が展開していたが、そのうち具体的名称がわかっているのは、神祇《じんぎ》官・式部省・兵部《ひょうぶ》省▲・造酒司《ぞうしゅし》▲、それに左・右馬寮《めりょう》▲などに限られ、まだ数は多くない。それは木簡や墨書《ぼくしょ》土器など、具体的な官司名を記した物が出土しないと、なかなか名称の特定がむずかしいためである。そして判明した曹司の位置を平安宮の場合と比較すると、かなり両者で

▼兵部省　律令制の八省の一つ。武官の人事、全国の兵士の名簿や兵器などのことを管轄した。奈良時代後半の平城宮では朱雀《すざく》門の東の壬生《みぶ》門を入ってすぐの西側に位置した。

▼造酒司　宮内省の被管官司で、天皇用や朝廷で用いる酒・醴《こさけ》・酢《す》の醸造を担当した役所。平城宮では内裏《だいり》の東方に置かれ、多くの井戸や内部に甕《かめ》を据え並べた痕跡のある建物跡などが見つかっている。

▼左・右馬寮　朝廷で使用する馬の飼育や調教にあたった官司。奈良時代末には左右が統合され主《しゅ》馬《め》寮となり、さらに八〇八(大同三)年頃には、内厩《ないきゅう》寮と兵馬《ひょうめ》司とともに再編され、左・右馬寮の名称が復活した。平城宮では西端中央の北に左馬寮、南に右馬寮が位置した。

似通っている場合が多い。その中で式部省・兵部省は、平安宮では朱雀門を入ったところの東西両側、平城宮では朱雀門の東にある壬生門内の東西両側と、大きく異なっているようにみえるが、実際はどちらも一二朝堂からなる朝堂院の南側にあるという点で共通しており、朝堂院の場所が移動したことにより、両省の位置も動いたのである。

また饗宴の場にもなる園池《えんち》▲は、宮北西部と東院地区の東南隅などにあり、前者は西池(鳥池)といい、七二八(神亀五)年三月三日には曲水宴《ごくすいのえん》が行なわれた。後者は後半になるとその周辺に玉殿《たまどの》が造られ、その後楊梅《やまもも》宮と呼ばれた。

以上が内部構造の概要であるが、もう少しそれらの性格について述べる。まず奈良時代前半と後半で大極殿は、その位置が変わるので、第一次大極殿・第二次大極殿と呼ぶことにすると、第二次大極殿の下層でみつかった大規模殿舎と第一次大極殿の関係、およびそれらの南にある一二堂からなる朝堂院と、四堂からなる朝堂院の関係が問題になる。第二次大極殿下層殿舎も奈良時代後半になると、造り替えられて大極殿になるわけだから、奈良時代前半には、あたかも大極殿が二つ並立しているかのような様相を呈しているのである。

▼**園池**　庭園の池のことで、宮内省の被管の園池司が管轄。西池(鳥池)は現在の佐紀《さき》池に痕跡を残し、七二八(神亀五)年三月三日には、聖武天皇が池の堤で貴族と宴を催し、文人を召して曲水宴を開いた。また東院の池は、七七七(宝亀八)年六月に一本の茎に二つの花が咲いた蓮の生えていた、楊梅宮の南の池にあたるとみられる。同宮では法会《ほうえ》や宴が行なわれた。さらに宮の南西隅にも池の痕跡があり、七六二(天平宝字六)年三月三日に新設され曲水宴を行なった、宮西南の池亭にかかわるものとみられる。

▼**称徳天皇**　七一八〜七七〇（養老二〜宝亀元）年。聖武《しょうむ》天皇と光明《こうみょう》皇后の娘で諱《いみな》は阿倍。七四九（天平勝宝元）年聖武天皇から譲位されて即位。孝謙《こうけん》天皇という。七五八（天平宝字二）年淳仁天皇に譲位したが、まもなく僧道鏡《どうきょう》を寵愛し、天皇・恵美押勝《えみのおしかつ》と対立。七六四年押勝の乱を平定し、天皇を廃して重祚《ちょうそ》。以後を称徳天皇という。その時代、西宮のことが『続日本紀』に現れ、天皇が死去したのも西宮寝殿であった。

両者の使い分けについては、一応次のように考えている。すなわち先述のような最重要な国家的儀式は第一次大極殿で行なわれたが、それ以外の儀式や日常的政務を執る際に天皇が出御するのは、第二次大極殿下層殿舎であった。その名称は『続日本紀』にみえる大安殿《だいあんでん》であったとみられる。そうした使い分けに応じて、一二堂の朝堂では、各官司の主立った官人たちが、官司ごとに席を占めた。一方の四堂の朝堂院は、平安宮における豊楽院とよく似ており、官人の席は豊楽院の場合と同じく官司ごとではなく、位階順であったとみられる。

奈良時代後半になると、第一次大極殿の跡は内裏のように建物が建ち並ぶ一郭になったが、そこは称徳天皇《しょうとく》▲の時代には彼女が住んだ西宮として用いられた。また大安殿が第二次大極殿になることにより、国家的儀式の場と政務の場がそこに統一されることになったのである。そしておそらくその西の四堂の朝堂院は、後の豊楽院のような饗宴の場になったのであろう。

官人の勤務

先にも記したように、宮には一二〇人ほどの貴族を筆頭に、約六〇〇〇人の長上官、約六〇〇〇人の番上官が務めていた。彼らの朝は早かった。

公式令《くしきりょう》▲京官上下条によると、京官は開門前に出勤し、閉門後に退勤することになっていたが、『令義解《りょうのぎげ》』▲によれば、この場合の開門前とは第二開門鼓以前、閉門後とは退朝鼓以後ということである。開門鼓・退朝鼓とは、門を開閉すべき時刻に鳴らす太鼓である。その具体的規定は宮衛令《くえいりょう》▲開閉門条にあり、それによると、第一開門鼓が鳴ると諸門が開き、第二開門鼓が鳴ると大門が開いた。そして同条の『令集解《りょうのしゅうげ》』▲が引く、大宝令の注釈書である古記《こき》によれば、大門は大極殿と朝堂の門であり、それ以外が諸門であった。

また同じく古記によると、第一開門鼓は寅の一点(午前三時)に鳴り、第二開門鼓は卯の四点(午前六時半)に鳴った。古記が成立したのは七三八(天平十)年頃であるから、その頃には官人は六時半より前に出勤していなければならなかった。そしてその時刻に第二開門鼓が鳴ると、朝堂院の南門(平安宮では会昌門《かいしょうもん》)が開き、政務(朝政《ちょうせい》)が開始されたのである。朝堂の席に着くのは、各官司の主立った人たち、すなわち五位以上の貴族たちであった。彼らは朝堂の座について朝堂院南門が開くのを待ったのである。それ以下の官人たちも出勤時間の規

▼**公式令**　大宝・養老令の編目の一つ。文書行政の中心となる公文書の様式、作成手続きなどを規定する。詔書《しょうしょ》・勅旨《ちょくし》・論奏《ろんそう》・解《げ》・移《い》・符《ふ》・牒《ちょう》などの文書様式がある。

▼**令義解**　養老令の官撰注釈書。一〇巻。八三三(天長十)年に完成し、八三四(承和元)年に施行された。右大臣清原夏野《きよはらのなつの》、明法博士讃岐永直《さぬきのながなお》、刑部卿南淵弘貞《みなぶちのひろさだ》らが編纂にあたった。

▼**宮衛令**　大宝・養老令の編目の一つ。宮城の門の通行・開閉・警備・鍵、行幸時の警備、京内の警衛などを規定する。

▼**令集解**　惟宗直本《これむねのなおもと》による養《よう》老《ろう》令の私撰注釈書。『令義解』をはじめ、いくつかの法家の注釈を集める。九世紀中頃の成立。もと五〇巻、現存は三五巻。引用された古記《こき》は大宝令《たいほうりょう》の注釈書で、大宝令条文の復元の素材となっている。

定は同じだったが、彼らが仕事をしたのは各官司の曹司においてであった。

さて宮衛令開閉門条の続きをみると、退朝鼓を合図に大門が閉まり、昼の漏（漏剋《ろうこく》▲＝水時計）が尽き閉門鼓が鳴り終わると、諸門が閉鎖された。退朝鼓で朝政は終了である。奈良時代については何時に退朝鼓が鳴ったかわからないが、公式令京官上下条の続き部分には、外官《げかん》（京官以外の官人）について、「日出て上《まう》で、午の後に下《まか》れ」との規定がある。時代を遡ると、六四七（大化三）年の小郡宮《おごおりのみや》▲における礼法では、午時（正午前後）に鐘《かね》が鳴って朝政が終わった（『日本書紀』大化三年是歳条）。

また下って『延喜式《えんぎしき》』▲陰陽寮《おんみょうりょう》の退朝鼓に関する規定では、真冬で午一刻六分（午前十一時十八分）、真夏で巳一刻八分（午前九時二十四分）と、季節によって異なっていた。この規定では開門の時刻も季節によって変わり、執務の時間は三時間半〜四時間といったところである。奈良時代も午前中には終わったはずであり、おそらく外官と同じく午の時に退朝鼓が鳴ったのであろう。そして古記によれば日の入り時に昼の漏が尽き、宮城の諸門が閉まったのである。

さて、右に述べたように朝政は午前中で終わったが、公式令京官上下条の後

▼漏剋　上の容器から下の容器に水が落ちると、そこに浮かべた矢が次第に上昇し、時を表す目盛りを指す仕組みの水時計。律令制下では中務《なかつかさ》省被管の陰陽《おんみょう》寮が管理し、鐘・鼓で時を知らせた。奈良県明日香《あすか》村の水落《みずおち》遺跡は、六六〇（斉明天皇六）年に中大兄《なかのおおえ》皇子が作成した漏剋の遺跡。

▼小郡宮　六四七（大化三）年に、外交施設である難波の小郡を壊して新設された宮。同年、礼法が定められたが、その内容は有位者は寅の時に南門の外に並び、日の出とともに庭（朝庭《ちょうてい》）に行き再拝し庁に入ること、午の時になれば鐘を聞いて退出すること、などである。

▼延喜式　養老《ようろう》律令の施行細則を、九二七（延長五）年に集大成した法典。九〇五（延喜五）年に醍醐《だいご》天皇の勅によって左大臣藤原時平《ときひら》らが編纂を開始したため、その名がある。九六七（康保四）年施行。全五〇巻。

半には「務繁くは、事を量りて還れ」という規定があり、仕事が忙しければ残業をしなければならなかった。それは朝堂はすでにしまっているから、曹司においてであった。そして下級の官人の多くは午前中で解放されず、午後も仕事をしていたと思われる。それは彼らの上日数《じょうじつ》(出勤日数)を示す史料では、「日」と「夕」の数を記しており、そのうち「日」は午前中の通常の勤務、「夕」が残業数だが、「夕」の数がかなり多いからである。史料の残存が写経生など泊まり込んでいた人たちの分に偏っているということもあるが、彼らの勤務はかなりきつかったといえよう。そしてそのことは、彼らの生活が朝廷への出仕に縛られ、農業などそれ以外の生業に割く時間があまりなかったことを示すものである。

官人と農業

今官人と農業について話が及んだので、もう少し詳しく説明しておく。官人の給与は禄令《ろくりょう》▲に規定がある。それによると、基本的な給与は年に二度支給される季禄《きろく》であった。八月から正月までに一二〇日以上出勤すると二月上旬に春夏の禄が、二月から七月までにやはり一二〇日以上の出勤日数があれば、八月上

▼禄令　大宝・養老令の編目の一つ。官人や皇親の禄《ろく》・食封《じきふ》などの給与を規定する。

旬に秋冬の禄が支給されたのである。その内容は一位から初位《そい》まで位階《いかい》によって量が異なるが、品目は絁《あしぎぬ》・綿・布・鍬《くわ》という共通したものであった。

その他に親王・内親王・大臣・大納言《だいなごん》・三位以上には、その官職や品階《ほんかい》・位階▲に応じて食封《じきふ》(封戸《ふこ》)▲が与えられ、食封に指定された戸が出す税のうち、租《そ》の半分と調庸《ちょうよう》の全部が収入になったのである。また四位・五位の人には位階に応じて、位禄として絁・綿・布・庸布が与えられた。この他、臨時の禄や功労に対して与えられる食封(功封《こうふ》という)などがあった。

このように給与は基本的に実物で与えられた。それは当時の税制が、実物を貢納させることになっていたことに関わるものである。季禄として支給された中で注目されるのは鍬である。平城宮出土の荷札木簡の中には、備前《びぜん》や備後《びんご》国から調として鍬が貢進されたことを物語るものがあり、季禄の鍬を裏付けている。この鍬の支給は官人が農業と密接な関係にあることを示すものである。そして当然、官人も口分田《くぶんでん》▲班給の対象であった。

さらに、彼らには田仮《でんか》という休暇制度もあった。すなわち京官《きょうかん》は五月と八月の二回、一五日ずつ特別の休暇が与えられたのである(仮寧令《けにょうりょう》▲ 在京諸司給仮条)。

▼品階・位階　品階は親王・内親王の序列を示すために与えられる標識で、一品から四品まである。位階は官人に与えられ、正一位から少初位《そい》下まで三〇階ある。

▼食封(封戸)　親王・内親王・上級貴族などへの給与の一つ。封主に戸を与え、その戸が出す租《そ》の半分(後に全部)と調庸《ちょうよう》の全部が収入となった。品階・位階に応じた品封《ほんぷ》・位封《いふ》、官職に応じた職封《しきふ》、功績による功封《こうふ》などがある。

▼口分田　班田《はんでん》収授法により六歳以上の人に支給された水田。良人および官戸《かんこ》・官奴婢《かんぬひ》の男は二段、女は男の三分の二で一段一二〇歩、家人《けにん》・私奴婢《しぬひ》はその三分の一が与えられ、死ぬと収公された。

▼仮寧令　大宝・養老令の編目の一つ。官人の休暇に関する規定を載せる。

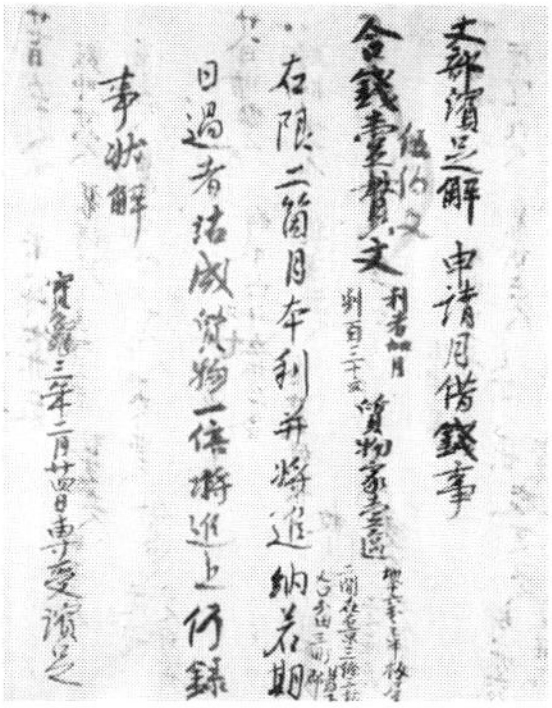

●——丈部浜足月借銭解(正倉院文書)

そして「其れ風土宜しきを異にして、種収等しからずは、通ひて便《たより》に随ひて給へ」と付帯規定があるように、これは種収に関わる休暇である。具体的には五月は田植え、八月は収穫に忙しい時期であり、そうした農作業を遂行するための休暇であった。

なにしろ季禄は半年に一度しか支給されないし、下級官人ではとてもそれだけで生活できるようなものではなく、口分田経営に頼る部分が大きかった。こうみてくると官人は農業経営から分離できず、宮に仕える一方で農業にも精を出していたかのようであるが、本当にそうであったのであろうか。

まず口分田の位置を考えると、京内には水田はなかったから、大和国をはじめ畿内諸国に班給された。七七二(宝亀三)年二月に写経所から五〇〇文を借りた経師《きょうじ》の丈部浜足《はせつかべのはまたり》が質物としたのは、右京三条三坊にあった一六分の半、すなわち三二分の一町の宅地と、葛下郡《かずらきのしも》にあった三町の口分田であった(『大日本古文書(編年文書)』六―二七三頁)。葛下郡というのは、今の奈良県大和高田《やまとたかだ》市・香芝《かしば》市・王寺《おうじ》町・葛城《かつらぎ》市(旧當麻《たいま》町)のあたりになり、とても京内に居住しながら日常的に農耕を行なえるような所ではない。彼ほどではなくとも、京内居住者の口分田経営は、農村居住者のようにはいかず、多かれ少なかれ困難を伴ったことであろう。

そうであるならそこを経営するには、賃租《ちんそ》に出すか、あるいは誰かが口分田の近くに住むということになる。賃租は人に田を貸し、その賃貸料として収穫量の五分の一を受け取るものであるが、それだけではとても生活できない。それに対し田のそばに農作業用の仮廬《かりほ》を造ってそこに仮住まいをすることは、『万葉集』の歌からもよく知られるが、それは「春霞たなびく田居《たゐ》に廬《いほ》つきて秋田刈るまで思はしむらく」(『同』巻一〇―二二五〇)によれば春に造られるものであり、年間の農作業を通じて用いられたのである。

そして官人自身は先に述べたように宮仕えに忙しかったから、彼の家族が仮廬に居住して口分田経営を担うことになったのである。すなわち官人の家族としては農業に頼る割合が大きかったが、官人自身はかなり農業から分離していたのである。

なお長屋王《ながやおう》▲は大量に出土したいわゆる長屋王家木簡によって、広大な御田《みた》・御薗《みその》を飛鳥《あすか》周辺の奈良盆地南部や河内《かわち》に所有していることがわかった。例をあ

▼**長屋王**　六七六か六八四〜七二九(天武《てんむ》天皇五か同十三〜天平元)年。天武天皇の子の高市《たけち》皇子の子。草壁《くさかべ》皇子の娘の吉備《きび》内親王が妃。その他の妻に藤原不比等《ふひと》の娘長娥子《ながこ》、石川夫人《ぶにん》・安倍大刀自《あべのおおとじ》らがいる。宮内卿・式部卿・大納言・右大臣を歴任し、七二四(神亀元)年左大臣になる。七二九年謀反の疑いをかけられ、吉備内親王や子の膳夫《かしわで》王らとともに自殺(長屋王の変)。平城京左京三条二坊の地で見つかった、四町の広さを占める邸宅跡の溝から出土した三万五〇〇〇点をこえる木簡(長屋王家木簡)によって、そこが長屋王邸であったことが判明した。

げると次のような木簡があった。

・〔表〕耳梨御田司進上　芹二束 古自二把　智佐二把 阿夫毘一把　右四種進上婢

〔裏〕間佐女　今月五日太津嶋　（『城』二一）

・〔表〕山背薗司　進上　大根四束 交菜二斗　遣諸月

〔裏〕　和銅七年十二月四日　大人

（奈良国立文化財研究所『平城京木簡二』一七五四号）

その経営にあたっては、太津嶋や（山辺）大人《うし》のような家政機関の職員が派遣されて現地に一定期間駐在しており、長屋王自身が直接農業経営を行なうことはなかったのである。

ところで、右にあげた丈部浜足や長屋王家の職員の例はまた、京内に本貫をもつ京戸であっても、いつも京内に居住しているとは限らなかったことをも意味するものである。先に京に居住する官人の中には京戸でない人も多かったことを述べたが、逆の現象もあったのである。京戸の京外居住と非京戸の京内居住とが錯綜していたのであった。

④――商業者の世界

東・西市の立地と構造

平城京では、多くの商工業者が活発な活動を繰り広げていた。彼らも都市平城京をみるとき、重要な要素であった。しかし紙数の関係もあるので、本書では商業者のみを取り上げて、実態を探ってみることにする。平城京には官営の市があった。左京にある東市《ひがしのいち》と右京にある西市《にしのいち》である。それらの正確な位置を物語る史料はないが、東大寺領東市庄▲と相模調邸《さがみのちょうてい》▲をめぐる一連の旧薬師院文書(早稲田大学図書館所蔵)、知恩院蔵「平城京市指図《さしず》▲」、それに残存地名などから、東市は左京八条三坊、西市は右京八条二坊で、ともに五・六・十一・十二坪という四町を占めていたとみられる。平安京では東・西市は左・右京の七条二坊にあり、左右対称の位置を占めていた。平城京でも本来ならそうなるべきであったが、右京の西半が丘陵地帯にかかるという立地条件から、西市は八条三坊ではなく東隣の二坊に置かれたのであろう。

東・西市の中には、市を管理する東・西市司《いちのつかさ》の役所と店舗群とがあった。そ

▼東市庄　東大寺が平城京東市の西側に所有した庄園。七五四(天平勝宝六)年までには成立し、七五六年に相模調邸を買い取り、一町の敷地に拡大。倉を中心とした施設で、東大寺の東市での売買活動の拠点になった。

▼相模調邸　相模国が平城京東市の西辺に所有していた施設。一町の敷地の中に倉や管理建物などがあったとみられる。その機能については七一頁参照。

▼平城京市指図　奈良時代の写経所《しゃきょうじょ》関係の文書の裏に描かれた、市の図。縦横に引かれた線で条坊《じょうぼう》区画を示し、四カ所の升目の中に「市」と記す(他に抹消が二カ所)。市の場所を示すためのものとみられ、東・西市いずれかは不明だが、市の広さ、坊の中における位置などが復元される。四四頁写真参照。

●相模調邸と堀河（栄原永遠男「都城の経済機構」岸俊男編『日本の古代9　都城の生態』中央公論社より、一部加筆）

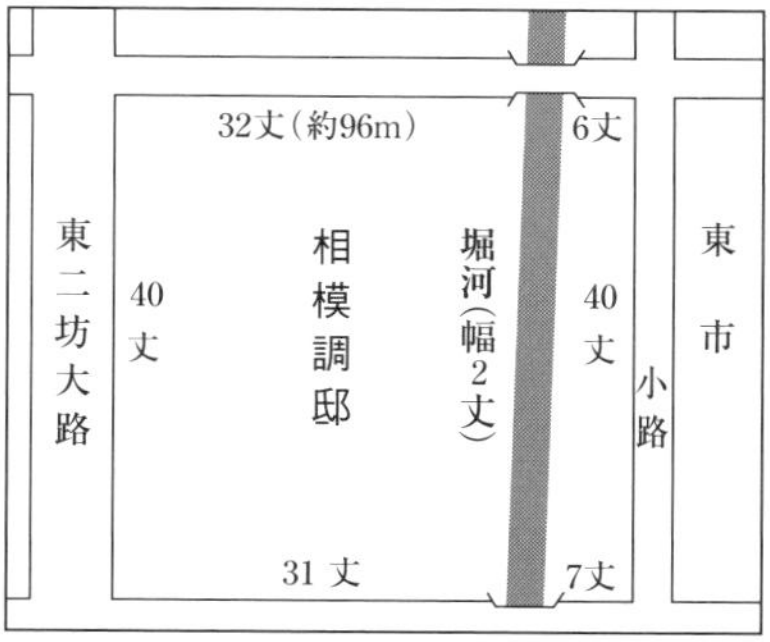

▼**日本霊異記**　薬師寺僧景戒《けいかい》による日本最古の仏教説話集。八二二（弘仁十三）年頃完成。全三巻。一一六話を収める。

して興味深いことに、東・西両市ともそこを水路が貫いていたのである。東市については、前述のように発掘調査によって、十一・十二坪の中を南北に東堀河が貫いていたことが知られている。その幅は一〇メートル以上に及び、北はおそらく二条大路付近まで続いていた。また相模調邸関係文書によると、東市の西辺に調邸があり、そこには幅二丈（約六メートル）の堀河が流れていた。したがって東市は、その内外に二条の堀河が流れていたことになる。

　一方西市については、その東辺を流れる秋篠川が前述のように、西堀河とも呼ばれていた。そして西市推定地内には、水路の跡と目される東西に長い水田地割が認められ、これを東に行けば右の秋篠川に通じているのである。これらの水路は水運を意識しており、市への、あるいは市からの商品の運送に、船が使われたとみられるのである。

　四町の内部については、東市の東西に門があることが知られるから（『日本霊《にほんりょう》異記《いき》▲』中巻第一九）、四町全体が一体として築地に囲まれ、東西・南北の小路の突き当たりに門が開くと考えられたこともあるが、東市での発掘調査の成果によれば、四つの坪がそれぞれ築地に囲まれていたようである。おそらく平安京

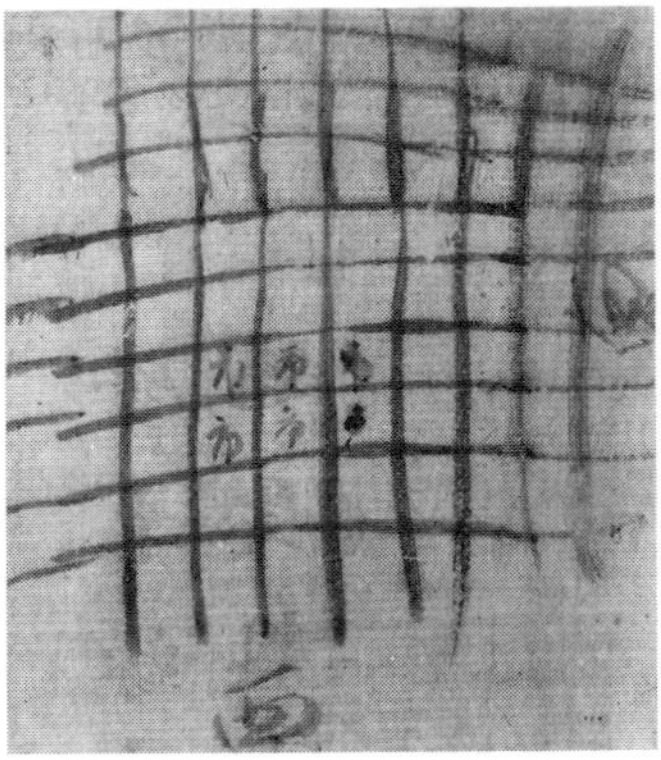

●──平城京市指図

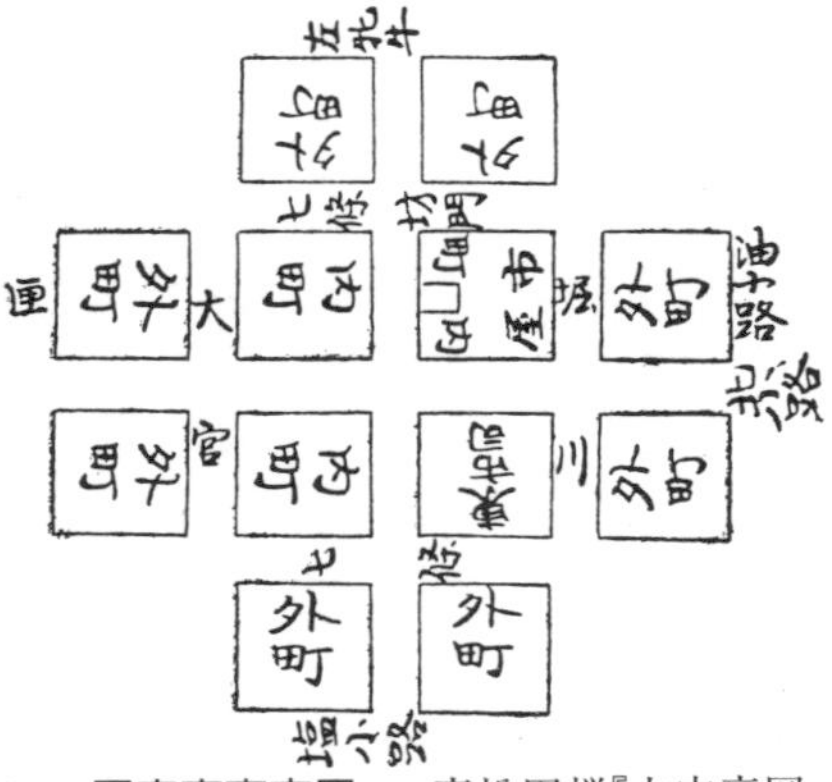

●──平安京東市図　裏松固禅『大内裏図考証』の引く『拾芥抄』の図である。

●──左京八条三坊の八条条間路における東堀河と橋の遺構

の市のように、市司のある坪と店舗の並ぶ坪などに分かれていたのであろう。また『万葉集』には「東《ひむがし》の市の植木の木垂《こだ》るまで逢はず久しみうべ恋ひにけり」（巻三―三一〇）という、門部王《かどべおう》▲が東市の樹を詠んだ歌が残る。東市にはシンボルとなる樹木があり、市の特徴的な景観を構成していたのであった。

東・西市の必要性

さて都城にとって市は不可欠なものであった。そのことを端的に物語るのは、恭仁《くに》遷都の翌年の七四一（天平十三）年八月に平城の東・西市を恭仁京に遷しており（『続日本紀』同月丙午条）、七九四（延暦十三）年七月には平安遷都に先立って長岡京▲の東・西市を新京に遷していることである（『日本紀略《にほんきりゃく》▲』同月辛未朔条）。新都造営と市の移設は一体のものであった。

平城遷都時にそうした史料はないが、七一五（霊亀元）年六月に「諸国の人廿戸を京職に移し附く。殖貨に由りてなり」（『続日本紀』同月丁卯条）という記事がある。富裕な人を平城京に移貫するという措置は、市で商売をする市人《いちびと》を上から作り出したことを示すとみられる。しかも平安遷都時には、右の東・西市移

▼**門部王**　?～七四五（天平十七）年。天武天皇の子の長《なが》親王の孫。伊勢守・按察使《あぜち》・弾正尹・右京大夫などを歴任。七三九年大原真人《まひと》の姓を与えられ、大原真人門部となる。死去時は大蔵卿従四位上。

▼**長岡京**　七八四（延暦三）年に桓武《かんむ》天皇が平城京から遷った新しい都城。遺跡は京都府向日《むこう》市を中心に、京都市・長岡京市・大山崎町にわたる。宮の大極殿・朝堂院という中枢部は難波《なにわ》宮のそれらを移築したもので、朝堂院にあった朝堂は一二堂でなく八堂であった。

▼**日本紀略**　神代《かみよ》から一〇三六（長元九）年までを編年体で記す史書。平安時代後期の成立。前半は六国史から抄出したもので、『日本後紀』の欠失部を補う史料となる。

転の記事に続けて「且つは廛舎《てんしゃ》を造り、且つは市人を遷す」とあり、廛舎(店舗)を用意するのは国家の側であったことがわかる。

このように市が都城と不可分のものであった理由は、鬼頭清明氏が指摘されたように当時の経済構造にあった。先にも述べたが、律令制下の税は実物で納めるものであった。畿内周辺の諸国では一部に調《ちょう》を銭で納めることもあったが(『続日本紀』養老六年九月庚寅条)、銭による納税はあくまでごく一部に限られた。そうであれば政府は納められた実物で、その運営経費や人件費などを賄わなければならなかったが、税物のみではすべての必要物資を入手することは不可能であった。したがって税物を必要物資に換える場、すなわち流通機構と接触する場を必要とした。それが東・西市であったのである。

律令国家は、東・西市で税物を売ることによって一旦銭に換え、その銭で必要とする物資を購入した。農村から税として収奪した実物が、平城京を支えるという実物貢納経済そのものが、東・西市を必要としたのである。そして右のシステムが円滑に動くためには、東・西市に多くの商人が集まり、盛んに交易活動を繰り広げることが求められた。先の七一五年の富裕な人の京内移貫措置は、まさにそのことに関わるものであった。

こうした構造は、官人の給与の場合も全く同様である。彼らは布や綿などの現物を季禄《きろく》として支給された。貴族らの食封《じきふ》の場合も、収入となるのは租稲や調庸《ちょうよう》物という実物であった。しかしそれらのみでは、生活するのに必要な物資のすべてを賄うことはできなかったから、官人もやはり季禄などで入手した物を市で売り、そこで必要物を購入しなければならなかったのである。

東・西市の営業

東・西市は左・右京職《きょうしき》の下にある東・西市司《いちのつかさ》が管轄していた。市司は正《かみ》・佑《じょう》・令史《さかん》が各一人と、価格を検査する価長《かちょう》五人、罪人の決罰を行なう物部《もののべ》二〇人らから構成されていた。物部の存在は、市が刑罰の場でもあったことを物語る。

東・西市の営業に関する規定は関市令《げんしりょう》▲にある。同令はその名のとおり、関と市に関する規定を集めたものである。それによれば、市は毎日午後開かれ、日の入りとともに終了した。この始業時間は、政務が午前中に終わることと関連

▼関市令　大宝・養老令の編目の一つ。関と市の管理運営について規定する。

するのであろう。

市の店舗は「肆」や「廛」と表記されるが、読みはイチクラである。それらはそれぞれ扱う品物が決められた専門店で、絹肆とか布肆などの営業名を書いた標を立てることになっていた。市司は、商品の価格を品質により三段階にわけて、十日ごとにそれを帳簿に記載し、季節ごとに京職に報告せねばならなかった。また公正な取引の基礎になる度量衡《どりょうこう》については、官私ともに毎年二月に大蔵省に行き、検査を受けた。さらに市で商売するときは、男女が坐を同じくすることは許されなかった。

ところで『延喜式《えんぎしき》』東市司によれば、平安京では毎月十五日以前は東市が、十六日以後は西市が開かれ、前者には五一鄽(店舗)、後者には三三鄽があった。これは東・西市の様相を復元する際に重要な規定であるが、それをそのまま平城京にあてはめることはできない。なぜならこれは平安時代になって、右京・西市が衰退していく状況に抗する対策として作られた規定であるからである。すなわち両市とも開いていれば、右京の人口減退に伴って東市のみがにぎわうことになるので、その営業日を交代制にし、営業品目も限ることによって、西

●──市に関わる木簡（平城宮跡出土）

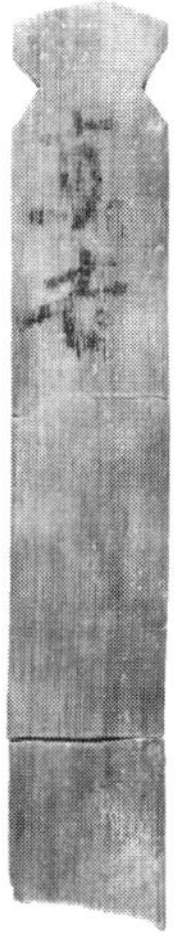

①〔表〕「東□〔市カ〕交易銭計絁廛人服部」
〔裏〕「真吉」（『城』一七）

②「西市交易銭」（奈良国立文化財研究所『平城宮木簡一』四八七号）

③「西市司交易銭」（『同右』四八九号）

●──『延喜式』にみえる東・西市の店舗

東市（51）	東絁鄽	羅鄽	糸鄽	錦鄽	幞頭鄽	巾子鄽	縫衣鄽	帯鄽
	紵鄽	布鄽	苧鄽	木綿鄽	櫛鄽	針鄽	沓鄽	菲鄽
	筆鄽	墨鄽	丹鄽	珠鄽	玉鄽	薬鄽	太刀鄽	弓鄽
	箭鄽	兵具鄽	香鄽	鞍橋鄽	鞍褥鄽	韉鄽	鐙鄽	障泥鄽
	鞦鄽	鉄并金器鄽		漆鄽	油鄽	染草鄽	米鄽	木器鄽
	麦鄽	塩鄽	醤鄽	索餅鄽	心太鄽	海藻鄽	菓子鄽	蒜鄽
	干魚鄽	馬鄽	生魚鄽	海菜鄽				
西市（33）	絹鄽	錦綾鄽	糸鄽	綿鄽	紗鄽	橡帛鄽	幞頭鄽	縫衣鄽
	裙鄽	帯幡鄽	紵鄽	調布鄽	麻鄽	続麻鄽	櫛鄽	針鄽
	菲鄽	雑染鄽	蓑笠鄽	染草鄽	土器鄽	油鄽	米鄽	塩鄽
	未醤鄽	索餅鄽	糖鄽	心太鄽	海藻鄽	菓子鄽	干魚鄽	生魚鄽
	牛鄽							

▼**絁廛**　絁を売る店。絁は粗く織った絹の意味だが、正倉院に残る実物によれば、粗くはない。

市にも人が出向かざるをえないようにしたのである。

正倉院《しょうそういん》に残る写経所の文書で、平城京の東・西市での物資購入の様相をみると、両市が毎日どちらも開いていることがわかる。少なくとも月の前半と後半で営業している市が変わるということはないのである。そして両市にあった店舗については、やはり写経所文書によって、それぞれで何を買ったかがわかる。それによれば食品・繊維製品・手工業製品から牛馬まで、実にさまざまなものが商品になっていた。

しかし後述するように市での商品は、必ずしも肆・廛でのみ売られていたわけではないので、店舗としてどのようなものがあったかは、厳密には特定することができない。わずかに平城宮跡から出土した、

〔表〕東□〔市カ〕交易銭計絁廛人服部
〔裏〕真吉　（『城』一七）

という木簡によって、東市に絁廛《あしぎぬのいちくら》▲があったことが知られるだけである。この木簡は紐を穴に通してまとめた銭に結び付けた付札で、その銭は東市での交易（売買）に関わるものであった。それを絁廛の人である服部真吉《はとりべのまよし》が勘定したと

いうのである。宮内でみつかったということからすると、某官司が財源としてもっていた絁の販売を服部真吉に依頼し、その売り上げ金を進上してきたときの木簡と考えるのが、一番可能性が高いのではなかろうか。

市人

真吉のように市に店舗を所有している商人は、市人と呼ばれた。彼らは『延喜式』では「市人籍帳」に登録され、市籍人《しじゃくびと》ともいわれている。こうした制度が平城京でもあったかどうかは、わからない。しかし、聖武《しょうむ》天皇が恭仁京《くに》にいた七四四(天平十六)年閏正月には、恭仁京と難波《なにわ》京のいずれを都とすべきか、百官の官人に続いて市人に意見を聞いている(『続日本紀』同月乙丑朔条・戊辰条)。

官人については恭仁京・難波京それぞれを支持する人数は、五位以上で二四人対二三人、六位以下で一五七人対一三〇人と拮抗していたが、市人は難波京・平城京を主張する者各一人以外は、全員が恭仁京を希望したという。前述したように、市人たちは恭仁京遷都に伴い平城京から遷ってきてまだ間がないので、再びの遷都を望まなかったのであろう。それはともかく、官人については人数を詳しく数えていることからすると、市人も人数を掌握されていたと考えられよう。そうであるなら、市人の籍帳のようなものは、奈良時代にもあった可能性があろう。

またこの話からは、市人が遷都先の選定にあたって意見を求められるような、有力者であったことを知ることができる。七一五(霊亀元)年六月に富裕な人二〇戸を京に移貫した措置を、市人の上からの創出であろうと先に述べたが、市人は富裕であり、かつ実物貢納経済体制下では、政府も彼らなしでは銭や必要物資を入手できないような、律令体制維持に不可欠な存在であったのである。

貴族・豪族の交易

しかし市で商売をしていたのは、店舗をもつ市人たちだけではなかった。雑《ぞう》令《りょう》▲には次のような規定がある(皇親条)。

凡そ皇親及び五位以上は、帳内資人、及び家人奴婢等を遣《や》りて、市、肆を定めて、興販《こうへん》すること得ず。其れ市にして沽《う》り売り、出挙し、及び人を遣って外処にして貿易し、往来せしめば、此の例に在らず。

▼雑令　大宝・養老令の編目の一つ。度量衡《どりょうこう》・用水・渡船・出挙《すいこ》など、他の編目には収まりきらないさまざまな規定を収録する。

これによれば、皇親・貴族が従者である帳内《ちょうない》・資人《しじん》▲や家人《けにん》・奴婢《ぬひ》▲などを派遣して、市・肆を定めて物を販売することは許されなかったが、市で販売することや出挙《すいこ》▲をしたり、それ以外の地に派遣して交易することは禁止されていなかった。ここでは岩波書店の日本思想大系『律令』の読み下し文を載せたが、「定市肆」を「市、肆を定めて」と読むと、特に「市を定めて」の意味がわからなくなる。ここは「市に(あるいは、市の)肆を定めて」と読んだ方がよいのではなかろうか。すなわち市に肆(店舗)をもつことは許されなかったのである。

しかるに七二八(神亀五)年三月には、五位のうち外五位の人については、家人・奴婢を市廛に居住させて興販させることが許されるようになった(『類聚三代格』同月二十八日太政官奏)。外位《げい》はそれまでは畿外の豪族・有力者に与えられた位階であったが、この日、内・外位の処遇に差を設け外位を内位《ないい》の下に位置づけるとともに、畿内出身者についても、内五位に昇るコースと、外五位を経て内五位になるコースとが作られた。したがってこれ以後、畿内・畿外の区別なく、豪族のうち外五位の位階を有する人たちは、市廛を経営することができるようになった。その市には当然、平城京の東・西市も含まれていた。

▼**帳内・資人**　律令制下で、皇親・貴族に与えられた公的な従者。親王・内親王に与えられたのが帳内、貴族に与えられたのが資人。帳内は品階《ほんかい》に応じて人数が決められ、資人には五位以上に位階《いかい》に応じて与えられる位分《いぶん》資人と、大臣・大納言・中納言に与えられる職分《しきぶん》資人とがあった。

▼**家人・奴婢**　律令制下の私賤民。家人の方が奴婢より上級で、家族を構成し代々隷属したが、本主が一度に家人全員を駆使することはできず、また売買は禁止されていた。奴婢は売買自由など、物と同じ扱いを受けた。

▼**出挙**　一年契約で、利子付きで物を貸す制度。稲がよく知られているが、銭などでも行なわれる。国家が行なう公出挙《くすいこ》と私的に行なわれる私《し》出挙がある。

特に地方有力者の交易を考えるとき、注目される物に商布▲がある。それは主に東海道東半諸国で生産された布で、調庸や交易雑物などの税として政府に貢納されもした。その一方では、相模の漆部直伊波《ぬりべのあたいいわ》が七四八（天平二十）年に東大寺大仏に二万段を寄進し外従五位下を（『東大寺要録《とうだいじようろく》』▲巻二「造寺材木知識記」、『続日本紀』天平二十年二月壬戌条）、武蔵《むさし》の大伴部直赤男《おおともべのあたいあかお》が七六九（神護景雲三）年に西大寺に一五〇〇段などを貢献し外従五位下を（ただし宝亀八年六月の死去後の贈位）、常陸《ひたち》の新治子公《にいはりのこきみ》が七六七（神護景雲元）年三月に一〇〇〇段などを貢納し外正五位下を与えられたように、地方豪族が商布を蓄積していた。

商布はその名称のとおり、流通経済と深い関係にあった。七六五（天平神護元）年六月に飢饉対策として、諸国の郡司《ぐんじ》六位以下の人たちが、米や絁・糸などとともに商布を売りに出した場合、彼らに叙位するという措置を政府はとっている。このことも商布が交易と関係することを物語るものである。豪族層は蓄積した商布を各地の市で売るとともに、京の東・西市にももってきたことであろう。軽貨である布なら、大量に都まで搬送できたことは、先の貢献叙位の例からも理解できるところである。

▼**商布**　交易に使用された麻布。七一四（和銅七）年に商布の長さ二丈六尺を一段とするよう決められた。

▼**東大寺要録**　十二世紀初頭成立の東大寺の寺誌。寺史、寺内の諸堂、行事、経済基盤などを記す。

▼**大安寺**　平城京にあった南都七大寺の一つ。聖徳太子の熊凝《くまごり》精舎《しょうじゃ》、舒明《じょめい》天皇建立の百済《くだら》大寺、天武天皇のときの高市《たけち》大寺（後に大官大寺と改称）を前身とし、藤原京から七一六（霊亀二）年に移された。左京六条四坊から七条にかけて一五町の広さを占めた。

▼**修多羅分の銭**　修多羅衆という学衆の持っていた銭、あるいは修多羅供という法事のために施入された銭などの説がある。

▼**恵美押勝**　七〇六～七六四（慶雲三～天平宝字八）年。もと藤原仲麻呂《なかまろ》。武智麻呂《むちまろ》の二男。藤原

広嗣《ひろつぐ》の乱後頭角を現し、七四九(天平勝宝元)年孝謙《こうけん》天皇が即位すると、大納言のまま、光明《こうみょう》皇太后のための紫微中台《しびちゅうだい》の長官である紫微令となり、実権を握る。以後、紫微内相となり、七五八年淳仁天皇を擁立し、大保《たいほ》・大師と進む。恵美押勝の名を与えられ、官名を唐風に改めるなどの政策を実施、権勢を誇ったが、七六〇年の光明皇太后の死で後ろ楯を失い、孝謙太上天皇・道鏡《どうきょう》と対立。七六四年にクーデタを起こすが失敗し、妻子とともに殺された。

▼**淳仁天皇**　七三三〜七六五(天平五〜天平神護元)年。天武《てんむ》天皇の皇子舎人《とねり》親王の子。大炊《おおい》王。藤原仲麻呂(恵美押勝)に擁立され、七五八(天平宝字二)年孝謙天皇から譲位されて即位。しかし孝謙太上天皇と対立し、実権を奪われ、七六四年押勝の乱後に皇位を廃されて淡路島に流され、翌年逃亡に失敗し死去。

行商人の姿

また「商旅《しょうりょ》(之《の》徒《と》)」と呼ばれる、遠隔地を往来して商売をする商人たちがいた。『日本霊異記』中巻第二四には、平城京左京六条五坊(三坊の誤りか)に住む楢磐嶋《ならのいわしま》という商人が登場する。彼は聖武天皇の時代に、大安寺《だいあんじ》▲の修多羅分《しゅたらぶん》の銭▲を三〇貫借りて、越前の都魯鹿《つるが》(敦賀)津に行き、交易して仕入れた品物を山越えで琵琶湖北岸に出し、そこから船に載せて運ぼうとしている。彼が東・西市に店をもつ市人であったかどうかはわからないが、平城京に居住していたことからして、当然彼の主要な商売の場は東・西市であったはずである。こうした商旅の徒は大量の資金を手に遠隔地を往復し、各地の品を仕入れては都で売り、また逆に都で品物を仕入れて地方で売りさばくという活動を行なったのである。

七六四(天平宝字八)年十月、恵美押勝《えみのおしかつ》▲の乱の後、淳仁《じゅんにん》天皇▲は皇位から廃され、淡路《あわじ》国に流されたが、翌七六五(天平神護元)年二月になると、淳仁天皇が逃亡したとの風聞があり、また多くの人が商人と偽って淡路に向かい、「遂に群を成す」に至ったという(『続日本紀』同月乙亥条)。ここからは当時、商人たちが多く船で淡路との間を往還していた様子をうかがうことができる。商旅の徒の活

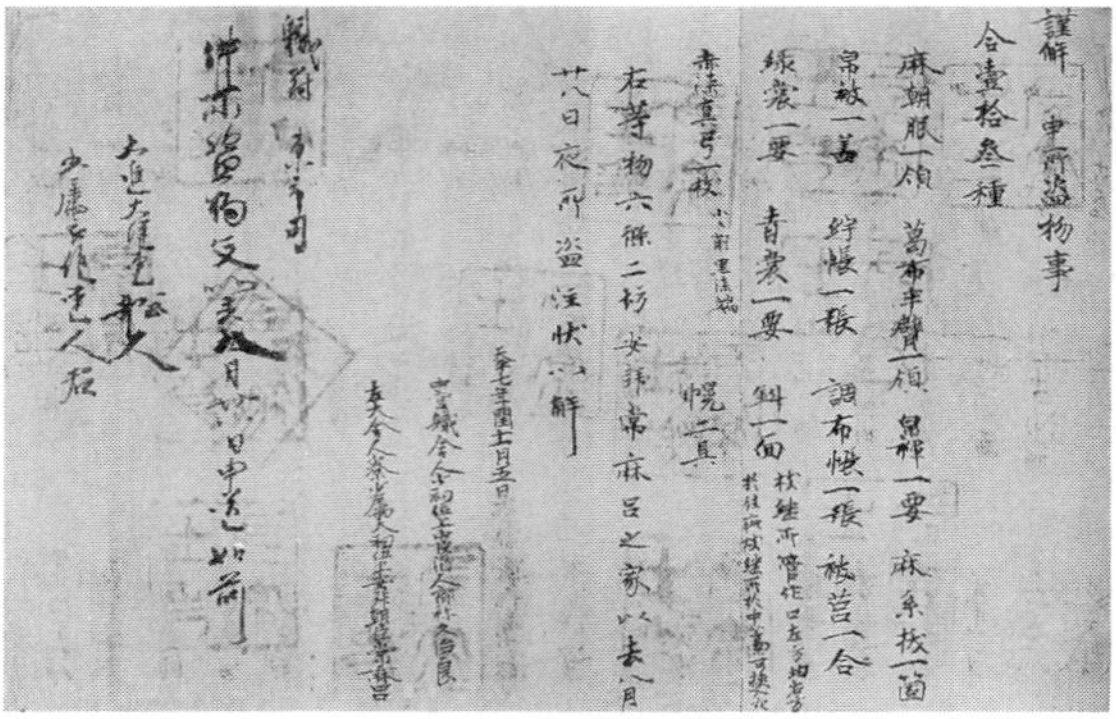

●—安拝常麻呂解(正倉院文書)

▼朝服　有位の官人が朝廷に出仕するときに用いた衣服。位階に応じて頭巾《ときん》・衣・笏《しゃく》・袴・腰帯・襪《したぐつ》(足袋)・履《くつ》・緒について、色や材質が規定されていた。

発な活動の様が浮かんでくる。

商旅の徒はいわば大規模な活動を行なう行商人であるが、小規模な行商人も多く東・西市に現れた。『日本霊異記』中巻第一九にみえる「賤しき人」は、東市の東門から市に入り「誰か経を買はむ」と人々に声をかけながら、経を売り歩いていた。この男、実は経泥棒であった。これは経巻という特殊なものであるが、売り歩くというのは行商人の一つの活動形態であった。

盗品が市で売られることがあったことは、七三五(天平七)年に左京六条二坊に住む左大舎人寮《おおどねりりょう》の少属安拝常麻呂《あへのつねまろ》の家から、麻の朝服《ちょうふく》▲や葛布の半臂《はんぴ》▲などが盗まれるという事件が起こったとき、届け出(安拝常麻呂解《げ》、上掲写真)を受けた左京職が、その旨を東市司に通知していることからもうかがえるところである(『大日本古文書(編年文書)』一―六三四頁)。

『延喜式』に規定する東・西市の店舗名をみてみると、奇妙なのは今でいう八《や》百屋《おや》がないことである。米や麦、海藻・生魚鄽、あるいは菓子(=果物)鄽などはあるが、野菜を扱う店はない。ところが写経所が平城京の両市で購入している品物の中には、青瓜《うり》・茄子《なす》・菁《かぶら》などの蔬菜類があった。もちろん『延喜式』の

▼半臂　袖の短い胴着。

規定をそのまま平城京の東・西市に適用できるものではないが、蔬菜類は行商人が売りに来る場合が知られる。

造東大寺司奉写一切経所には「菜売女」が来た（『大日本古文書（編年文書）』一七―四一〇頁）。あるいは河内国には、馬の背に馬の力以上に瓜を積んで売り歩く石別《いそわけ》という名の男がいた（『日本霊異記』上巻第二一）。彼らは農民であり、自分で生産した蔬菜を行商して歩いたのであろう。石別が京にまで来たかどうかは『日本霊異記』からはわからないが、農業から一定程度分離した生活を送っている住人の多かった京では、蔬菜類の需要は大きかったはずであるから、河内から平城京にまで売りに来る人もいたことであろう。

そして「菜売女」は写経所まで売りに来たが、東・西市で売った人たちも多かったとみられる。京を対象にした近郊農業が成立し、その農民が東・西市でも商売をしていた。平安京の市でも、蔬菜類はそのような人々による供給が多かったのであろう。

東・西市に現れた商人の姿は、実に多種多様であったのである。なお両市には、多くの運輸業者も集まっていた。そのことは造東大寺司が市で購入した品物を、車を雇って運んでいることからうかがわれることである。もっともその中には、自ら荷車を所有している層と、それをもたず他人に雇われ荷車を引く労働力になる階層とが含まれていた。

長屋王家の商業活動

長屋王邸から出土した木簡の中に、次のようなものがあった。

〔表〕十一月四日店物　飯九十九笥　直九十九文　別笥一文
〔裏〕酒五斗直五十文　別升一文　右銭一百卌九文
（『城』二一）

これは飯と酒とを「店」で売った、売り上げの一四九文の銭に付けた木簡である。長屋王家が飯と酒を扱う店を経営していたことが、これからわかる。「店」は別の木簡には「西店」ともみえる。この木簡が書かれた当時、長屋王は従三位ないしは正三位であった。そうであるなら先に引用した雑令皇親条の規定から、王は市に肆を定めて物を売ることはできなかったはずであるから、店は京内ではあるが、東・西市以外の地にあったのであろう。つまり東・西市以外にも、京内には店舗があったことを、この木簡からみてとることができるのである。

　こうした皇族・貴族の商業活動を考慮に入れると、とりわけ大量の資金を必要とする商旅の徒と彼らとの関係を想定することも可能になってくる。楢磐嶋は大安寺の修多羅分の銭を借りたが、それは大安寺からすれば一種の出挙という経済活動であった。同じように貴族などの有力者も、商旅の徒と結託し、彼らに資金を提供するということを行なったのではなかろうか。何しろ雑令でも、「人を遣って外処にして貿易し、往来せし」むることは制限されていなかった。この「人」が商旅の徒であることも多かったことであろう。

　なお、右の木簡から京内における東・西市以外での店舗の存在を推測したが、『延喜式』左京職には「凡そ京中の衛士《えじ》・仕丁《しちょう》等の坊にて、商賈《しょうこ》することをえざれ。ただし酒食は此の例に在らず」という規定がある。「衛士・仕丁等の坊」とは、後にみるいわゆる厨町《くりやまち》だが、そこでの商売を禁じているにもかかわらず、酒食だけは売ってもよいというわけである。長屋王家の商売内容も酒飯であった。これらの食品の販売が、他の物に比べ規制が弱いことがわかり、かつそれは平安京以前の都城にも遡るのであろう。

七六一(天平宝字五)年三月、忍壁親王《おさかべしんのう》の孫の葦原王《あしはらおう》が人を殺すという事件があった。王はもともと凶悪な性格で、酒肆に出入りしていたが、そこで御使《みつかいの》連麻呂《むらじまろ》と大酒を飲み喧嘩に及んで刺し殺したという(『続日本紀』同月己酉条)。この酒肆は単に酒を売るだけでなく、そこで飲むこともできる店であった。これも京内で、市以外の所にあった可能性があるのではなかろうか。

⑤—平城京と地方とのつながり

他田日奉部直神護解

平城京の住人が、京に本貫を有している人たちだけでないことは先に述べた。それに象徴されるように、平城京は地方との間に、人的にも物的にもさまざまなつながりを保ちながら、存続していたのである。本章では、そうした京と地方との関連をみる。都鄙《とひ》間の交流にはさまざまなものがあったが、ここでは主に諸国から上京した人々の動きに注目する。

正倉院に「他田日奉部直神護解《おさだのひまつりべのあたいじんごのげ》」と呼ばれる文書がある(『大日本古文書(編年文書)』三―一四九頁)。それは年紀を欠くが、中宮舎人《ちゅうぐうのとねり》▲で左京七条の人である従八位下海上国造《うなかみのくにのみやつこ》の他田日奉部直神護が、下総《しもうさ》国海上郡の郡司《ぐんじ》長官である大《だい》領《りょう》に任じていただきたいと、願い出たものである。彼がその際に主張したことの一つは、彼の祖父で小乙下《しょういつげ》という冠位の忍《おし》が難波《なにわ》朝庭(孝徳《こうとく》天皇)のときに少領司として仕え、父の追広肆《ついこうし》の宮麻呂《みやまろ》も飛鳥《あすか》朝庭(天武《てんむ》天皇)のときに少領司であり、外正八位上を授けられ、藤原朝庭(持統《じとう》天皇)のときに大領司となった。

▼**中宮舎人**　中宮は令の規定では皇后宮のことで、中宮職がその事務を担当した。そこに所属し、警護や雑事に従事したのが中宮舎人で、定員は四〇〇人。奈良時代では聖武天皇の母、文武夫人藤原宮子《みやこ》のために中宮職が置かれ、光《こう》明《みょう》皇后のためには皇后宮職が設置された。

そして兄の外従六位下勲十二等の国足《くにたり》は奈良朝庭のときに大領司として仕えたという譜第《ふだい》性、要するに血筋である。祖父・父に用いた大領・少領という官名は、大宝令制以後のものであるから、当時の用語ではないが、神護は「難波朝廷より以還《このかた》の譜第重大」(『続日本紀』天平七年五月丙子条)である人物であった。

もう一つは神護自身のことで、故兵部卿従三位藤原麻呂《まろ》▲の位分資人《いぶんしじん》▲として、七一八(養老二)年から七二八(神亀五)年まで足かけ一一年間、次いで中宮舎人として七二九(天平元)年から現在まで二〇年間の、合計三一年間に及ぶ出仕の実績である。このことから本文書が七四八年に書かれたことがわかる。位分資人とは五位以上の人に対し、その位階に応じて国から与えられる従者である。麻呂が従五位下に昇ったのは七一七年十一月であったから、神護は麻呂の五位昇叙とほぼ同時に彼の位分資人になったとみられる。

一方、中宮舎人とは中宮に仕える舎人であるが、中宮とは聖武《しょうむ》天皇の母である藤原宮子《みやこ》▲のことである。七二九年八月に聖武夫人で、宮子の異母妹であった光明子《こうみょうし》▲が聖武天皇の皇后となっている。おそらくこれをきっかけに麻呂は中宮舎人に転出したのではなかろうか。なお麻呂と宮子は、不比等《ふひと》を父とする異母

▼藤原麻呂　六九五?～七三七(持統天皇九?～天平九)年。不比《ふひ》等《と》の四男で、京家《きょうけ》の祖。天然痘による死去時は参議兵部卿従三位。長屋《ながや》王邸北側の二条大路上の溝から出土した七万四〇〇〇点強の木簡によって、王邸北側の左京二条二坊五坪に麻呂邸があったことがわかった。

▼位分資人　帳内・資人(五三頁頭注)参照。

▼藤原宮子　?～七五四(天平勝宝六)年。不比等の娘。文武《もんむ》天皇の夫人で聖武天皇の母。

▼光明子　七〇一～七六〇(大宝元～天平宝字四)年。父は藤原不比等、母は県犬養《あがたいぬかい》橘三千代。安宿媛《あすかべひめ》ともいう。七二九(天平元)年皇后となる。仏教への信仰心篤く、国分寺・東大寺の造営は皇后の進言によるという。娘の孝謙天皇が即位すると、光明皇太后のために紫微中台《しびちゅうだい》が置かれた。

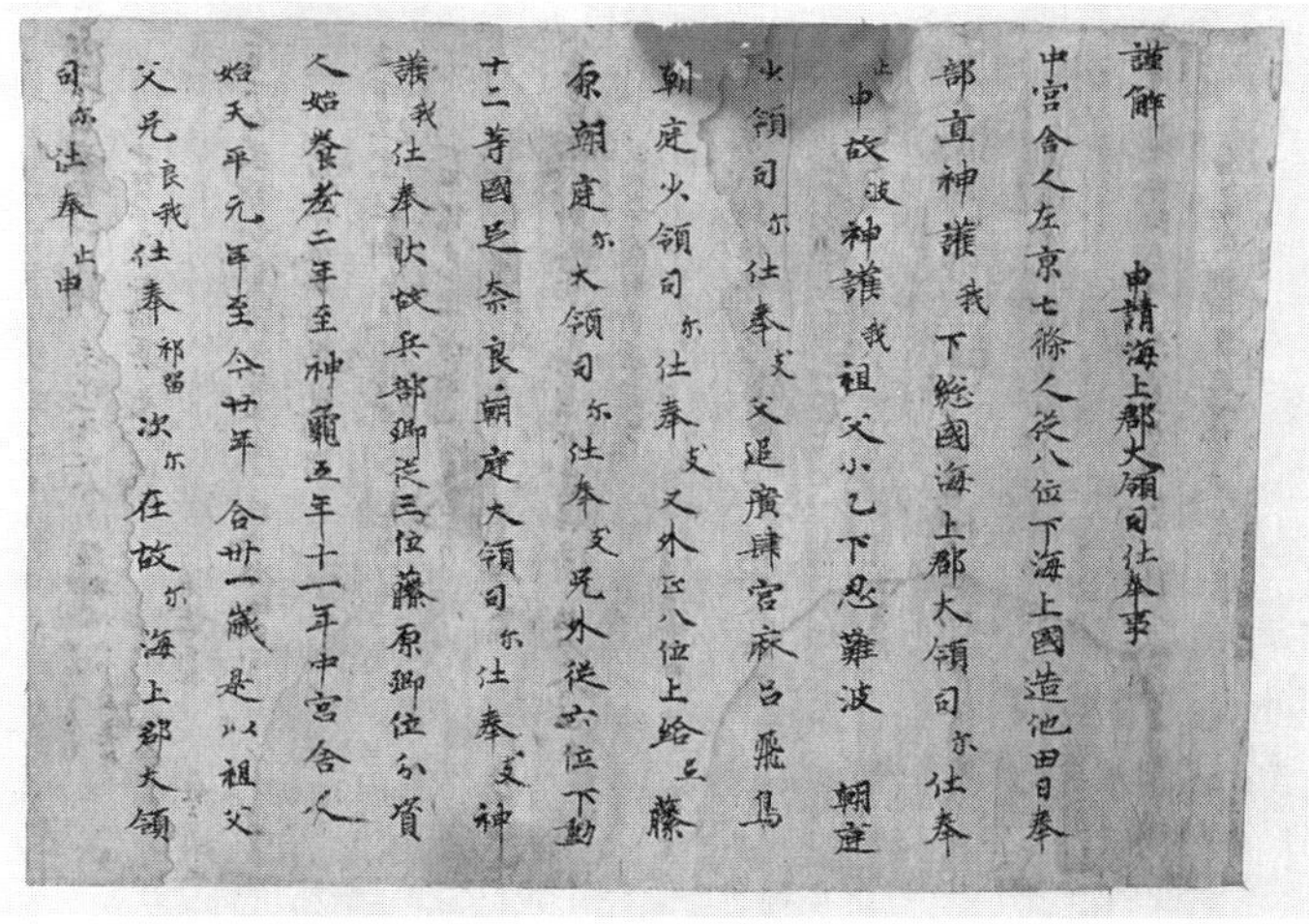

謹解　申請海上郡大領司仕奉事
中宮舎人左京七條人従八位下海上國造他田日奉
部直神護我　下總國海上郡大領司尓仕奉
止申故波　神護我祖父小乙下忍難波　朝庭
少領司尓仕奉支　父追廣肆宮麻呂飛鳥
朝庭少領司尓仕奉支　又外正八位上給弖藤
原朝庭尓大領司尓仕奉支　兄外従六位下勲
十二等國足奈良朝庭大領司尓仕奉支　神
護我仕奉状故兵部卿従三位藤原卿位分資
人始養老二年至神龜五年十一年中宮舎人
始天平元年至今廿年　合卅一歳　是以祖父
父兄良我仕奉祁留次尓在故尓海上郡大領
司尓仕奉止申

●―他田日奉部直神護解（正倉院文書）

●―**中宮職移木簡**　木簡の表裏に書かれた一九人の中宮舎人の名前の中、裏面の上部左端に神護がみえる。

〔表〕
「池辺波利　「大鳥高国　「八多徳足　「史戸廣山
太宿奈万呂　「川内馬飼夷万呂　「村国虫万呂　「大荒木事判
中宮職移兵部省卿宅政所　「杖部廣国　「日下部乙万呂　「東代東人　「太屋主
「秦金積　太東人　「山村大立　「陽侯吉足

〔裏〕「狭井石楯　右十九口舎人等考文銭人別三文成選六文又官仰給智
「馬国人　識銭人別一文件銭今早速進来勿怠緩
「他田神□〔護カ〕　大属
少進　天平八年八月二日付舎人刑部望麻呂

（「奈良文化財研究所『平城京木簡三』四五一三号」）

姉弟である。

ところで一九八九(平成元)年、平城京左京二坊における二条大路上に掘られた濠状遺構から出土した木簡に、彼の名が書かれていた。それは七三六(天平八)年に、中宮職《ちゅうぐうしき》から兵部卿であった藤原麻呂宅の政所《まんどころ》▲に対して出された文書木簡である。この木簡には一九人の舎人の名が記され、彼らの毎年の勤務評定書である考文《こうもん》を作成する際の手数料である考文銭や、数年間の勤務の結果として昇叙する際の手数料である成選《じょうせん》料などを早急に寄こすように求めている。

舎人の出すべき銭をなぜ中宮職が麻呂宅に要求しているかといえば、それは舎人たちが、本来は中宮職に属す中宮舎人であったのだが、このときには麻呂宅で働いていた、つまり出向していたからである。その一九人の舎人の中に、他田神護の名があった。先の「神護解」によっても、七三六年段階では彼は中宮舎人であった。

さてこの神護は、祖父・父・兄がいずれも海上郡の大・少領であったというように、郡司の子弟であった。そうした人物が位分資人や中宮舎人になったことになる。資人といい舎人といっても、いずれもトネリであった。トネリは豪

▼**政所**　事務を執り行なう所。ここでは藤原麻呂の家政機関のこと。

族の子弟が大王の宮に奉仕するというヤマト王権時代以来の制度に由来するものであり、律令制下では文官の舎人や武官の兵衛など、さまざまに中国式に表記されたが、和語ではトネリと呼ばれた。

　郡司子弟がトネリになることが令制で明記されている例に、兵衛がある。兵衛は和語ではツワモノトネリといい、左・右兵衛府に各四〇〇人ずつ属し、宮内において、あるいは行幸時に天皇を守衛した兵である。軍防令兵衛条は、「凡そ兵衛は、国司、郡司の子弟の、強く幹《つよ》くして、弓馬に便ならむ者を簡《えら》びて、郡別に一人貢せよ。若し采女《うねめ》貢せむ郡は、兵衛貢する例に在らず。〈一国を三分にして、二分は兵衛、一分は采女〉」と規定する。郡司子弟の中から兵衛としてふさわしい資質の人を、国司が各郡一人ずつ貢進することになっていたのである。資人や舎人の場合には、郡司子弟に直結するような令の規定はないが、実例としては神護のように多かった。

　そうした経緯で資人・舎人となった神護は、三一年間も京で勤務し、いつしか本貫も京に遷し、左京七条の人になっていた。しかし彼は兄の跡を継いで、海上郡の大領として故郷に帰ることを望み、右の解を提出したのである。この

▼**軍防令**　大宝・養老令の編目の一つ。軍団・兵士・衛士《えじ》・防人《さきもり》・征討使・兵衛など、軍事に関わる諸規定を載せる。

文書自体は下書きであるが、清書したものの提出先は、郡司の決定権をもつ式部省であったとみられる。彼の申請が功を奏したかどうかは、残念ながらわからない。しかしその血筋と経歴、京での勤務で培った人間関係など、彼が海上郡大領の第一候補であったことは間違いなかろう。

神護の例からもわかるように、郡司子弟がトネリとして宮に出仕し、そこで経験を積んだ後、再び郡司となって故郷に戻るという官人のコースがあったのである。またトネリではないが、生江臣東人《いくえのおみあずまひと》という人物は造東大寺司史生《ししょう》の身分から、七五五(天平勝宝七)年以前に越前国足羽《あすは》郡の大領に転出した。七四九年当時の大領は生江臣安麻呂《やすまろ》であったから、東人はおそらく安麻呂の嫡男であって、これも神護とよく似たコースをとって大領になったものとみられる。

律令国家は郡司・地方豪族の子弟を取り込む制度を作ることによって、都でさまざまな実務をこなすトネリなどの下級官人と、地方支配の根幹をなしていた郡司を再生産することができたわけである。この制度は支配体制の維持にとって大きな意味をもっており、この仕組みの中で、平城京は郡司・豪族子弟の政治的訓練の場となったのである。

仕丁と衛士

宮で働いていた地方出身者の中には、強制的に一種の力役として上京した人たちもいた。それは仕丁《しちょう》・衛士《えじ》である。仕丁は五〇戸ごとに、すなわち各里(郷)ごとに二人が上京させられ、各官司に所属し雑役に従事させられたものである。ただし二人のうち一人は立丁《りっちょう》として実役につき、もう一人は廝丁《しちょう》という食事係であった。彼らの食糧は、民部省▲から庸《よう》を財源として支給された。一方の衛士は、地方の兵士の中から上京して、衛門府《えもんふ》や左・右衛士府《えじふ》に属し、宮城内外の警備などにあたった。彼らは一〇人一組で一火《か》という集団に組織されたが、一火には五人の火頭《かとう》がいた。それは仕丁の場合の廝丁と同じく食事係である。そして庸から食糧を支給されたことは、仕丁と同じであった。

在役期間は仕丁で三年、衛士で一年という規定であったが、実際は遵守されず、その結果逃亡が続出した。そこで七二二(養老六)年二月に、衛士・仕丁の役年を三年間に限定した。仕丁の三年という規定は養老賦役令《ぶやくりょう》▲に規定されているが、ここで三年限定措置をとっていることは、規定はあってもまったく守られなかったから、改めて確認したか、あるいは七二二年当時に施行されていた

▼民部省　律令制の八省の一つ。全国の戸籍・計帳《けいちょう》、賦役《ぶやく》、家人《けにん》・奴婢《ぬひ》、橋道・津済《しんさい》、渠池、山川・藪沢の掌握などを職掌とし、民政とりわけ財政を担当した。

▼賦役令　大宝・養老令の編目の一つ。調庸《ちょうよう》・義倉《ぎそう》・封戸《ふこ》・税の減免・雇役《こえき》・諸国貢献物・仕丁《しちょう》・雑徭《ぞうよう》など、税制に関する諸規定を載せる。

大宝令では、三年間という規定ではなかったかのいずれかであろう。

仕丁や衛士によって、平城京での政務は支えられ、治安が維持された。この点でも、平城京は地方の人々によって支えられていたということができるのである。

さて、彼らは右に述べたように食糧は庸から支給されたが、それ以外に故郷から送られてくる養銭《ようせん》という生活費があった。平城宮跡出土木簡にその付札がある。

・〔表〕信濃国筑摩郡山家郷火頭椋椅部
　〔裏〕逆養銭六百文　（『城』一五）

・〔表〕越中国羽咋郡邑知郷衛士乃止臣吉麻呂
　〔裏〕銭六百文　（『城』三四）

前者は衛士の火頭として上京していた信濃出身の椋椅部逆《くらはしべのさかう》の養銭である。後者は越中出身の衛士乃止臣吉麻呂《のとのおみよしまろ》の養銭である。ここには前者のような「養銭」という言葉はないが、内容からそれとわかる。正倉院文書には仕丁の養銭の例もあり、衛士・仕丁とも養銭はすべて一人六〇〇文であった。しかし信濃や越

▼**房戸**　五〇戸で一里《り》を構成する戸を二、三に細分して設けられた戸。七一七(養老元)年から七三九(天平十一)年にかけて、郡の下の行政組織である里は郷《ごう》となり、

中で銭を入手できたとは考えがたいので、銭の形で故郷から送られてきたのではない。

七一八年四月に衛士と仕丁を出した房戸《ぼうこ》▲の雑徭《ぞうよう》▲を免除して、それで彼らを資養することが認められた(『令集解』賦役令仕丁条古記所引同月二十八日格)。おそらくは衛士・仕丁の家族が雑徭免除分として何らかの物を出し、それを国衙《こくが》や郡家《ぐうけ》、あるいは彼らの属する役所側が換金したのであろう。そしてさらに一人六〇〇文に均等化するという操作をして、衛士・仕丁に手渡したのである。したがって先の木簡は、火頭や衛士の所属する左・右衛士府あるいは衛門府で作られたと考えられる。養銭を通して故郷との一体感をもちながら、衛士や仕丁たちは平城京で働き、また帰郷できる日を待ち望んだのである。

ところで彼らは京内のどこで寝泊まりしたのであろうか。彼らは京に家をもっていたわけではないから、所属官司がそれを準備したはずである。平安京では、諸国から上京し諸官司に所属した人々の宿泊施設が宮の周辺にあり、左・右兵衛町、大舎人町、采女町などの名で呼ばれ、『拾芥抄《しゅうがいしょう》』▲宮城部ではそれらは諸司《しょし》厨町《くりやまち》と総称された。平城京での厨町の存在を具体的に記す史料はない。

その中を二、三に細分して里と呼ぶ郷里制が施行されたが、それに関連して戸の細分が行なわれた。これにより戸は、郷戸《ごうこ》―房戸という二重構成になった。単婚小家族を中心とするが、支配の徹底を図るために作られたもので、必ずしもそのまま実態としての家族であるとはいえない。

▼**雑徭**　律令制下の力役の一つ。正丁《せいてい》(二一〜六〇歳の男)なら年間六〇日以内、次丁《じてい》(六一〜六五歳)は三〇日以内、中男《ちゅうなん》(一七〜二〇歳)は一五日以内、国郡司の下で、津・橋・道路や堤防・用水路の修築、貢進物の調達など、さまざまな仕事に駆使された。

▼**拾芥抄**　鎌倉時代中頃成立の百科全書。洞院公賢《とういんきんかた》あるいは実熙《さねひろ》の撰という。現存本は歳時部・経史部・和歌家部・百官部・位階部・宮城部・飲食部など三巻九九部に分かれ、当時必要とされた教養について分類、解説を加える。

しかし各地から多くの人たちが上京することによって、律令体制は支えられていたから、そうした施設は不可欠であったはずである。その点で、左京七条一坊における東一坊大路西側溝から出土した八六四点に及ぶ木簡群は注目される。

・〔表〕　□□□□□□□〔中務省移衛門府カ〕
〔裏〕□人　□□〔夫カ〕　□□
・〔表〕衛門府　右□
〔裏〕　□故牒
・〔表〕府進塩肆斗二升六合　十月料者
〔裏〕　十月廿一日
（いずれも『城』三一）

ここの木簡の特徴は、文書木簡、それも官司に関わるものが目立つことである。皇后宮職《こうごうぐうしき》▲の解文《げぶみ》の習書とみられるものもある。しかし場所は左京の七条、京の南端近くである。そのようなところでなぜ、宮内で出土しても不思議ではないような木簡が出土したのか。それは厨町に相当する施設があったために、宮内の本司とそことの間で文書がやりとりされたためであろう。そして右にあげたような木簡から判断すると、ここにあったのは衛門府の厨町の可能性が高

▼**皇后宮職**　皇后の家政機関。令制では中宮職《ちゅうぐうしき》が皇后のために設けられることになっているが、聖武天皇の母、文武夫人藤原宮子のために中宮職が設けられたため、光明皇后のために皇后宮職が新設された。大夫・亮《すけ》・大進・少進・大属・少属の四等官の下、掃部所《かにもりどころ》・染所・写経司・造仏所・施薬院《せやくいん》・悲田院《ひでんいん》など、多くの下部機関があり、盛んに写経事業などを行なった。

いのではなかろうか。

こうした施設が京内に設けられ、諸国から上京して宮に仕えていた人たちが、そこで暮らしていた。正倉院文書から知られるところでは、仕丁はある程度、出身国を同じくする人たちがまとまって仕事をしたようではある。しかし他国の人たちと一緒に仕事をすることも多かったし、また宿所でも寝食を共にした。彼らは上京によって、気候風土・産物・農業・商業等々、他地域のさまざまな情報を入手することができた。都城は彼らにとって情報センターの性格をもっていたのである。強制されての上京ではあったが、故郷にいたのでは入手できない都や他国の情報を獲得でき、彼らの開明化に大きく役立ったことであろう。

衛士・仕丁の他にも強制的に上京させられた人々に、調庸を京まで運搬してきた運脚《うんきゃく》や、役民がいた。前者は京までの距離に応じて、近国は十月三十日、中国は十一月三十日、遠国は十二月三十日の納入期限までに上京し、各国が京に所有していた調邸に寝泊まりした。調邸は実例としては相模のものしか知られないが(四二頁参照)、税物の一時的保管施設、上京した官人・運脚の宿泊所として機能し、『延喜式』弾正台《だんじょうだい》にみえる「諸国調宿処」という施設にあたり、当然どの国ももっていたはずである。実際、平城京左京五条四坊八・九坪の地では播磨国府系の瓦が多く出土しており、播磨の調邸があった可能性がある。

毎年冬になると、諸国からの運脚の上京によって、一時的に京の人口が拡大した。また特に京の造営時には、その労働力として諸国から多くの役民が集められた。平城京はこうした一時的な住人を構造的に含み込んで成立していたのである。

⑥――都市の苦悩と祈り

多数の社会的弱者

現代都市は、交通渋滞・大気汚染・廃棄物処理・人口過密・貧困・失業等々、多くの問題を抱え、その解決に苦しんでいる。こうした問題の原因には、政治や経済の構造などさまざまなものがあるが、まずは人口の集中が、こうした問題を顕在化させている。その点では一〇万人ほどの人口を擁していた平城京も同様であった。現代の都市問題と共通する苦悩を、平城京も抱えていたのである。その具体相をみていく。

途上の食糧を自弁しなければならなかった運脚《うんきゃく》や役民が、食糧不足から飢民と化し、帰郷できず京に留まったり、行き倒れになったりしているという窮状は早くから問題になっており、政府はその対策に苦慮していたが(『続日本紀』和銅五年正月乙酉条・同年十月乙丑条、天平宝字三年五月甲戌条など)、飢えたのは彼らだけではなかった。京戸《きょうこ》自身が飢えることももちろんあった。

奈良時代末期のことではあるが、九条家本『延喜式』裏文書の七七三(宝亀四)

年の民部省宛の太政官符(『大日本古文書(編年文書)』二一—二八三頁)は、京内で賑給《しんごう》すべき人数をあげている。後半部分が欠けているため、右京部分の数字や日付がわからないが、これは同年三月十七日の左・右京の飢人に対する賑給実施(『続日本紀』同月壬辰条)に関係するものとみられる。

この年二月には志摩《しま》・尾張《おわり》、三月には近江《おうみ》・飛驒《ひだ》・出羽《でわ》、それに左・右京や参河《みかわ》など、多くの地域で飢餓が発生した。三月十四日には「天下の穀の価騰貴《たか》くして、百姓の飢急《せま》れり。賑恤《しんじゅつ》を加ふと雖《いへど》も、猶未《なほいま》だ存済せず」(『続日本紀』同月己丑条)という状況に対して、政府は諸国に正税《しょうぜい》▲の穀や穎稲《えいとう》▲を安く売り出させるという対策をとっている。飢餓は全国的な問題ではあったが、農業から一定程度分離した人々が多かった京では、穀の価格騰貴は他の地域以上に大きな問題を引き起こしたことであろう。

七五九(天平宝字三)年五月、運脚の病飢による帰郷困難という状況に対し、国の規模に応じて公廨稲《くげとう》▲を割いて常平倉《じょうへいそう》▲とし、穀の時価をみながら売買し、その利で帰国する運脚の飢苦を救おうとしたが、それは畿外の民を潤すだけではなく、京中の穀の価格を調整することにもなるといっている(『続日本紀』同月甲

▼**正税**　諸国の財源となる稲。郡家《ぐうけ》に所属する正倉に蓄えられ、穀と穎稲《えいとう》からなる。穀は消費されずに蓄積され、穎稲は出挙《すいこ》に出され、利稲が国の経費にあてられた。

▼**穎稲**　刈り取ったままで、脱穀せずに籾が穂に付いた状態の稲。

▼**公廨稲**　七四五(天平十七)年に正税から割いて置かれた稲。出挙に出され、利稲で正税出挙の未納やその欠損を補塡するとともに、残りを国司《こくし》の収入にあてた。

▼**常平倉**　七五九(天平宝字三)年に穀価の調整のために置いた穀倉。諸国の公廨稲を割いて常平倉を設け、価格の高いときに売り出し、安いときには買い上げることにより利潤をあげ、諸国に帰る運《うん》脚《きゃく》に食糧を支給するとともに、京中の穀価安定機能も期待された。東日本は左平準署《さへいじゅんしょ》、西日本は右平準署が管轄した。

▼**鰥寡孤独**　七六頁頭注参照。

●—賑給の対象者数

	賑給勅年月日	100歳以上	90歳代	80歳代	鰥	寡	孤(惸)	独	窮乏者	病人	合計
左京	宝亀 4.3.17	1	15	488	853	3,058	2,781	1,507	800	200	9,703
右京	〃	1	89	482	965	1,107	2,098	?	?	?	(4,742)
佐渡	天平 4.7.5	0	2	15	41	6	7	9			80
但馬	〃 9.5.19	0	10			1,201					1,211
和泉	〃 9.5.19	2	16	94	174	969	328	25			1,608
〃	〃 9.9.28	3	21	101							125
周防	〃 10.1.13	0	1	27	111	455	413	444	856	965	3,272

岸俊男『古代宮都の探究』塙書房より，一部改変。

戊条)。これも京における流通政策の重要性を物語っている。

さて右の太政官符で賑給の対象になった人々の数は上表のとおりで、鰥寡孤《かんかこ》独《どく》と八〇歳以上の人々、それに窮乏者と疹疾《しんしつ》(熱病)者が対象であった。彼らは社会的弱者である。右京の独以下の数がわからないが、右京は四七四二人以上、左・右京で一万四四四五人以上、おそらく全体で一万五〇〇〇人には達するであろう。賑給対象は彼らに限られていたが、実際に飢えていた人はそれ以外にも多くいたはずである。ここに京戸以外の京居住者らが含まれていたのかどうかはこの史料からは不明だが、賑給は戸籍・計帳にもとづいて実施されたから、おそらくは含まれていなかったであろう。したがって実際の飢民の数は、右の数字にかなり上乗せしたものになろう。表の下半部に載せた天平年間(七二九～七四九)の諸国の正税帳にみえる賑給対象者と比較しても、その多さは際だっている。いかに平城京では多くの人たちが飢えていたか、あるいは社会的弱者がいかに多かったかを知ることができる。

『続日本紀』を通覧すると、京における飢饉が問題になったのは、七三三(天平五)年、七六二(天平宝字六)年五月、七六五(天平神護元)年三月、七七〇(宝亀

▼**鰥寡孤独**　自活することが困難な人のこと。『令義解《りょうのぎげ》』によれば鰥は六一歳以上で妻のない人、寡は五〇歳以上で夫のいない人、孤は一六歳以下で父のない人、独は六一歳以上で子のない人のこと。ただしこの太政官符では、鰥は六〇歳以上、独は五〇歳以上。なお天平年間の正税帳では孤を惸《けい》とする。

▼**行基**　六六八〜七四九(天智天皇七〜天平勝宝元)年。俗姓は高志《こし》氏、河内《かわち》(後の和泉《いずみ》)国大鳥郡出身。薬師寺僧。民間で布教活動を行ない、多数の信者がしたがったが、七一七(養老元)年僧尼令《そうにりょう》違反として弾圧される。しかしその後も畿内で多くの知識《ちしき》を組織し、池溝開発や架橋などの社会活動を行ない、また多くの道場を造った。政府は活動容認に変わり、行基は七四三(天平十五)年に始まった盧舎那仏《るしゃなぶつ》造立に参加し、七四五年大僧正に任じられた。平城京右京

元)年六月、七七三年三月、七七四年二月と六回もあった。これ以外に全国的な飢饉もあったから、もっと多くあったことがわかる。

　各地で飢饉が起こっていた七六四年三月に出された勅は、「頃年水旱して、民稍《やや》く餧乏《ゐばふ》せり。東西の市の頭《ほとり》に生を乞ふ者衆《おほ》し」と述べる(『続日本紀』同月己未条)。飢饉が起こると困窮者は都市、それも市なら何とか食べることができるかもしれないと、そこに集まってきたのである。「乞生」は写本によっては「乞丐《きっかい》」とする。それならば乞食の意味である。

　社会的弱者の増加・流入、あるいは帰郷できない役民や運脚の残留などは、支配者たちにとってむずかしい問題を引き起こした。七三〇年九月には、「京と諸国とに多《さは》に盗賊有り」と治安の悪さが問題になっているし、同時に「京に近き左側の山の原に多くの人を聚め集《つど》へ、妖言して衆を惑す。多きときは万人、少きときも乃《なほ》し数千」という事態が生じていた(『続日本紀』同月庚辰条)。平城京の東の山に数千人から一万人を集め、妄《みだ》りに吉凶を説く活動をする人がいたのである。これは七一七(養老元)年に同様の行動によって弾圧を受けた、行基《ぎょうき》▲の集団であった可能性があろう。弱者が行基に代表される宗教者に救いを求めた

わけであるが、それがあまりに大規模になると、為政者にとっては見逃すことのできない事態になった。そのため政府は禁圧を命じている。

　このときには安芸《あき》と周防《すおう》でも、「妄りに禍福を説きて多くの人衆を集め、死ぬる魂▲を妖祠して祈る所有り」（『続日本紀』天平二年九月庚辰条）という行為が問題になっている。類似した活動を行なう集団の存在は、平城京に限られるものではなかったが、平城京では人口の多さ、社会的弱者の多さから、それがきわめて多数の人を動員できたところに特徴があり、政府はこれを弾圧せざるをえなくなったのである。

疫病の流行と呪《まじな》い

　飢饉が起こると疫病《えきびょう》も流行した。『続日本紀』には「飢疫」の語が頻出する。平城京でも七三三（天平五）年と、七七〇（宝亀元）年六月とに飢と疫とが同時に起こった。飢による体力の低下と衛生状態の悪さが、疫病の蔓延を引き起こしたのである。その最悪の事態が七三七年に発生した。

　『続日本紀』同年の末尾は「是の年の春、疫瘡大きに発《おこ》る。初め筑紫より来り

の菅原寺で没し、墓は生駒市竹林寺にある。

▼死ぬる魂　この死者は、七二九（天平元年）年二月に自殺に追い込まれた左大臣長屋王《ながやおう》であった可能性がある。彼は周防国大嶋郡に封戸を有しており、当該地域と王家との関係は深かった。

て夏を経て秋に渉る。公卿以下天下の百姓相継ぎて没死《し》ぬること、勝《あ》げて計《かぞ》ふべからず。近き代より以来、これ有らず」とその災厄を語る。疫瘡は天然痘《てんねんとう》のこととみられるが、七三五年の夏から冬まで豌豆瘡《えんどうそう》（天然痘）の流行により、夭死する人が多かった。翌年一旦収まったかのようであるが、七三七年になると再び流行し、四月には参議民部卿藤原房前《ふささき》▲が死去し、大宰府《だざいふ》管内でも多くの死者を出した。

五月には「四月より以来、疫・旱並に行はれ、田苗燋《や》け萎《な》ゆ」との状況に対し、政府は禁酒・賑給・大赦《たいしゃ》などの措置をとって、その沈静化をめざした。しかし一向に収まらず、七月には大倭・伊豆・若狭・伊賀・駿河《するが》・長門《ながと》の疫飢者に賑給を実施し、八月には全国の僧尼に清浄沐浴させての最勝王経の読誦、殺生禁断、租賦と公私出挙の負稲の免除、神々への奉幣《ほうべい》、宮中での僧七〇〇人による大般若経・最勝王経の転読と大量得度《とくど》などの措置を次々ととった。

しかし、六月大宰大弐《だざいのだいに》小野老《おののおゆ》▲・中納言多治比県守《たじひのあがたもり》▲、七月参議兵部卿藤原麻《ま》呂《ろ》・左大臣藤原武智麻呂《むちまろ》▲、八月参議式部卿兼大宰帥《だざいのそち》藤原宇合《うまかい》▲・水主内親王《もひとり》▲などと、政府の要人も相次いで病魔に倒れた。特に藤原四子の死は、彼らによる政

▼**藤原房前**　六八一〜七三七（天武天皇十〜天平九）年。不比等《ふひと》の二男で北家《ほっけ》の祖。死去後に正一位左大臣を追贈される。

▼**小野老**　?〜七三七（天平九）年。右少弁・大宰少弐を歴任後、神亀年間に大宰大弐になる。『万葉集』に収める少弐時代の歌（三頁参照）は有名。

▼**多治比県守**　六六八〜七三七（天智天皇七〜天平九）年。丹比にも作る。嶋（一九頁頭注参照）の子。

▼**藤原武智麻呂**　六八〇〜七三七（天武天皇九〜天平九）年。不比等の長男で南家《なんけ》の祖。豊成《とよなり》・仲麻呂（恵美押勝《えみのおしかつ》）の父。七三四年右大臣になる。七三七年病床で正一位左大臣の地位を与えられたが、即日死去。

▼**藤原宇合**　六九四年〜七三七（持統天皇八〜天平九）年。不比等の三男で式家《しきけ》の祖。

▼**水主内親王**　?〜七三七（天平九）年。天智天皇の皇女。死去

権があっけなく壊滅し、知太政官事鈴鹿王《すずかおう》▲・大納言　橘　諸兄《たちばなのもろえ》▲が主導する政権を誕生させるという政治的な激変をもたらしたのである。

ちょうどその頃、次の木簡が作られ（次頁写真参照）、左京二坊における二条大路の路肩に掘られた濠状遺構に廃棄された。

〔表〕南山之下有不流水其中有
　一大蛇九頭一尾不食余物但
　食唐鬼朝食三千暮食
〔裏〕八百　急々如律令　（『城』三一）

南山の下に淵があり、そこに住む頭が九つ、尾が一つの大蛇は唐の鬼ばかりを食うと記すこの木簡は、天然痘の流行と関わるとみられる。唐鬼とは天然痘を引き起こす外来の鬼であり、それを大量に食う大蛇に、疫瘡の沈静化の願いを託したのである。これを含む二条大路木簡には、長屋王邸の跡に造られた光《こう》明子《みょうし》の皇后宮と、その北の左京二条二坊五坪にあった藤原麻呂の邸宅から捨てられたものが含まれている。麻呂自身、疫瘡で死んでおり、光明皇后はその妹であった。いずれも疫病流行を深刻に受け止めていた人物である。

「急々如律令」は呪《まじな》いの効き目の早く現れることを願う呪句である。こうした

時は三品。

▼**鈴鹿王**　?～七四五（天平十七）年。天武天皇皇子の高市《たけち》皇子の子、長屋王の弟。死去時は知太政官事兼式部卿従二位。

▼**橘諸兄**　六八四～七五七（天武天皇十三～天平宝字元）年。父は美努《みの》王、母は県犬養《あがたいぬかい》橘三千代。光明皇后は異父妹。もと葛城《かずらき》王。奈良麻呂《ならまろ》の父。七三六（天平八）年臣下に下り橘姓となる。藤原四子の死で大納言になり政権を掌握、以後右大臣・左大臣を歴任したが、七五六（天平勝宝八）年辞任。

●──呪符木簡

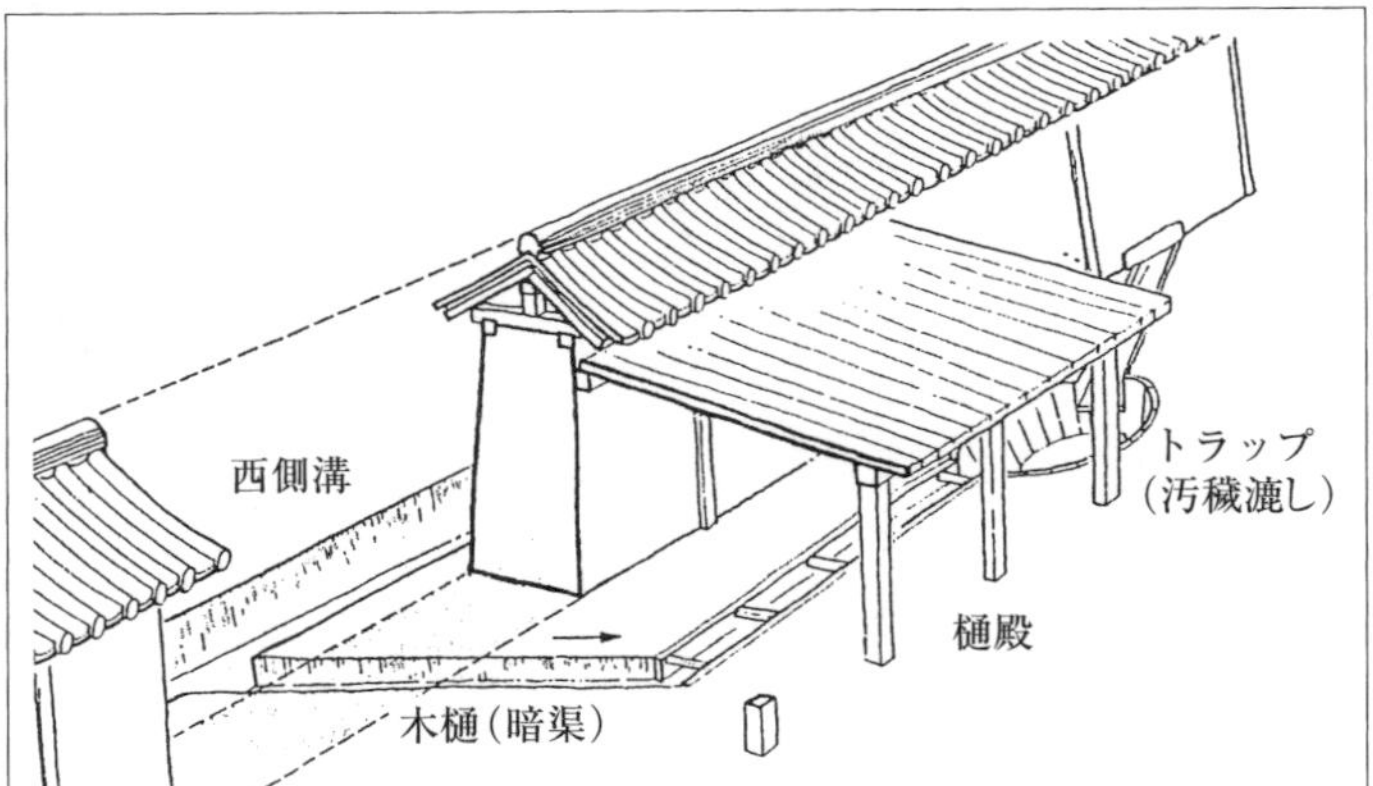

●──樋殿の復元図(奈良国立文化財研究所『平城京左京二条二坊・三条二坊発掘調査報告』より，一部改変)

呪いの木簡（呪符《じゅふ》木簡▲）は、道教の影響の下に作られたと考えられる。七三七年六月に、典薬寮《てんやくりょう》▲が疱瘡の治療法を答申し（『朝野群載《ちょうやぐんさい》』巻二一凶事）、政府は全国に太政官符を発し、疱瘡の治療法・食餌療法などを指示している（同月二十六日太政官符『類聚符宣抄』▲）。その一方で道教的な呪いが、病魔鎮圧のために行なわれていたのである。ここにみやこびとの信仰をみてとることができよう。

都市の汚染

　ところで、藤原麻呂の邸宅跡である左京二条二坊五坪の東南隅近く、東二坊坊間路に面した所で、奇妙な遺構がみつかった。発掘区の関係で全体を調査できていないが、坊間路の西側溝から西南方向へ斜めに分かれて、築地塀の下を木樋暗渠で五坪側に流れ込んでいく溝があったのである。暗渠へ流れ込む部分には杭が何本も打たれ、堰を設けて水位を上げられるようになっている。暗渠は三メートルほど続き、その先は築地に平行して流れる木樋の溝になり、発掘区外へと続いていた。

　そしてこの遺構から少し南の、二条大路との交差点付近の坊間路西側溝では、

▼呪符木簡　さまざまな願いを実現させるための呪《まじな》いに用いた木簡。道教の影響下に作られ、「日」「月」「口」「鬼」字を多く組み合わせた秘文である符籙《ふろく》、「急々如律令」という呪句をもつものが多い。疫病除けには「蘇民将来子孫（宅也）」と書かれた木簡が用いられた。

▼典薬寮　宮内省の被官官司で、薬物、疾病《しっぺい》の治療、薬園《やくおん》を担当した。医師・医博士・針師・針博士・案摩師《あんまし》・案摩博士・呪禁師《じゅごんし》・呪禁博士・薬園師などが所属した。

▼類聚符宣抄　八〜十一世紀に出された太政官符・宣旨《せんじ》・解《げ》などを分類・編集した法令集。『左丞抄《さじょうしょう》』ともいう。十一世紀末〜十二世紀初頭に成立。小槻《おづき》氏による編纂か。

堆積土中から回虫類や鞭虫類を主とする寄生虫の卵が多数検出された。これは人の糞便に由来するものとみられ、先の遺構がトイレ(樋殿《ひどの》)であると判断されたのである(八〇頁図版参照)。

貞観七(八六五)年十一月四日太政官符(『類聚三代格』)に引く弘仁六(八一五)年二月九日太政官符では、京中の諸司・諸家が垣を穿ち水を引いたり、水を壅《ふさ》ぎ途を浸し、汚穢を牆《かき》の外に出すことが問題視されている。右の遺構を思い浮かべれば、この状況は理解しやすい。藤原京でも、道路側溝から溝を分岐させて宅地内に一旦引き込んで、また側溝に戻すトイレ遺構は、左京二条二坊西北坪や右京九条四坊東北坪などで確認されている。

ただしトイレの形態はこれだけではない。やはり藤原京の右京七条一坊西北坪などでは、穴を掘った形のトイレもみつかっている。道路側溝から遠く離れた宅地ではこうしたトイレしか造れなかったし、近い宅地でもこの種のものは造られたことであろう。

先に道路側溝から寄生虫の卵が多くみつかったことを述べたが、垂れ流しであるから、汚染は当然拡散される構造であった。『続日本紀』慶雲三(七〇六)年三月丁巳条の「また如聞《きくな》らく、京城の内外に多く穢臭《えしゅう》有りときく。良《まこと》に所司、検察を存せぬに由《よ》れり。今より以後、両省・五府、並に官人と衛士とを遣して、厳しく捉搦《そくだく》を加へしめ、事に随ひて科決せよ」との詔からも、藤原京の汚染の具合が想像される。平城京でも一〇万人とも推測される人口の多さとその集中が、衛生状況の悪化に藤原京以上に輪を掛けたことは間違いない。

『餓鬼草紙《がきぞうし》』▲には平安京の道端で用を足す人々の姿が描かれている。これは十二世紀末頃の作品だが、平城京でもそうした状況があった可能性は大いにあろう。汚染源はこれだけではない。生活すれば必ず出るゴミの処理も大きな問題になったであろう。七三七（天平九）年の天然痘流行に代表される病気の蔓延の一因が、こうしたところにあったことは疑いない。

仏教信仰の世界

古代の信仰としてあげるべきは、いうまでもなく仏教・神祇《じんぎ》信仰であり、最近ではさらに道教も注目されるようになっている。先に紹介した呪符木簡も、道教の影響で生まれたものであり、古代における道教的要素の強さは、近年注

▼**餓鬼草紙**　餓鬼道《がきどう》の様相を描いた絵巻。餓鬼道とは、仏教で衆生がみずからの業《ごう》によって生死を繰り返す六つの世界（地獄・餓鬼・畜生・阿修羅《あしゅら》・人・天）＝六道の一つである。餓鬼は常に飢餓状態にあり、食べ物をむさぼり食う浅ましい姿に描かれている。平安時代末期、十二世紀後半に描かれたとみられる二巻が伝わる。

目されているところである。

さて、平城京では東大寺・興福寺・薬師寺などの諸大寺が甍《いらか》を競い、今日までその姿を伝えているものも多い。奈良仏教の特徴は、国家鎮護を祈願するものであるという点にあり、それは国分寺《こくぶんじ》・国分尼寺《にじ》▲や東大寺盧舎那仏《るしゃなぶつ》▲、それに諸官寺の造立に象徴的に現れている。このうち盧舎那仏は、七四三（天平十五）年十月に聖武天皇が発願し、紫香楽《しがらき》の甲賀寺で工事が始まったが、七四五年の平城還都に伴って改めて東大寺に造られることになった。発願の詔にみえるように、天皇は知識を集めての造営をめざしたが、それが功を奏したことの象徴的現れが、行基集団の協力であった。

また、大仏殿回廊西側の谷部の発掘調査で出土した木簡の中に、「〔表〕銭二百文／〔裏〕主□〔水カ〕智識」という智識銭の付札があり、詔に対応する。ただしすべての知識が、本当の意味での自発的な知識であったかどうかという点には、疑問も残ろう。さらに「自宮請上吹銅一万一千二百廿二斤」などと書かれたものや、表裏に「薬院」「悲田院▲」の名がみえる木簡があり、大仏造営に光明皇后宮が関与したこともわかる（奈良県教育委員会『東大寺防災施設工事・発掘調査報告書　発掘調

▼国分寺・国分尼寺　七四一（天平十三）年聖武《しょうむ》天皇が国ごとの建立を発願した官営の僧寺と尼寺。国分寺は金光明四天王護国之寺《こんこうみょうしてんのうごこくのてら》といい、七重塔を建て金光明最勝王経・妙法蓮華経を納め、尼寺は法《ほっ》華滅罪之寺《けめつざいのてら》といった。鎮護国家の仏教を体現するもので、光明皇后の勧めによるという。ただし両寺の発願時期は、実際には七四〇（天平十二）年に遡る。

▼東大寺盧舎那仏　盧舎那仏は華厳蔵世界の教主。聖武天皇の造立発願のきっかけは、七四〇年に河内国大県郡《おおあがた》（大阪府柏原市）の智識寺《ちしき》にあった丈六盧舎那仏を拝したことにあった。天皇は大仏造立の詔の中で知識の参加を呼びかけた。

▼薬院・悲田院　七三〇（天平二）年、光明皇后の皇后宮に悲田院と施薬院が置かれた。前者は貧窮者や孤児などを収容する施設、後者は病人に薬をほどこす施設。

査篇』)。

七五二(天平勝宝四)年四月九日▲に大仏は開眼供養《かいげんくよう》を迎えた。すでに孝謙《こうけん》天皇▲の代になっていたが、天皇は両親である聖武・光明ともども東大寺に行幸し、僧一万人の参列する壮大な儀式となった。「仏法東に帰《いた》りてより、斎会の儀、嘗て此の如く盛なるは有らず」といわれたが(『続日本紀』同月乙酉条)、五五二(欽明天皇十三)年十月に百済《くだら》の聖明《せいめい》王が釈迦《しゃか》仏の金銅像や経論などを献じたと『日本書紀』が伝える仏教公伝以来、ちょうど二〇〇年が経った年であった。開眼師は天竺《てんじく》僧の菩提僊那《ぼだいせんな》▲が務め、唐古楽・唐散楽・林邑楽《りんゆうがく》・高麗楽《こまがく》などの外来の楽が奏されるなど、平城京ならではの国際色豊かな儀式となった。

こうした華やかな国家仏教とは別に、社会的弱者たちへの布教を行なって信仰を集め、一時は律令国家に脅威を感じさせ弾圧の対象となったのが、最後は大仏造営への貢献で大僧正《だいそうじょう》にまでなった行基であった。前述のように七三〇年九月に、京に近い東の山原に、数千人から一万人を集めては妖言して衆を惑わすという活動を行なう者が現れた。これも行基が核になっていた可能性がある。もちろんこうした活動は都に限られるものではないが、とりわけ社会的弱者の

▼四月九日　本来は釈迦の誕生日にあたる四月八日に開眼供養をする予定であったことが、『東大寺要録』から知られる。何らかの事情で、一日延びたのである。

▼孝謙天皇　称徳天皇(三四頁頭注)参照。

▼菩提僊那　七〇四〜七六〇(大宝四〜天平宝字四)年。南天竺《てんじく》から渡来した僧。婆羅門《ばらもん》の出身のため婆羅門僧正《そうじょう》ともいわれた。七三六(天平八)年来日、大安《だいあん》寺に住す。七五一(天平勝宝三)年僧正に任じられる。翌年の大仏開眼供養会《え》では、菩提僊那が持ち、眼を入れる筆につないだ縄の先を孝謙天皇らが手に取った。

▼**優婆夷**　得度《とくど》していない在俗の女性の仏教信者。男性は優婆塞《うばそく》という。

多く集まる平城京では、救済を求める人たちも多く、おのずからその集団は大きくなった。

同様の活動は市を活動の場として、出身地越前国足羽《あすは》郡にちなんで越《こし》の優婆《うば》夷《い》▲と呼ばれた生江臣家道女《いくえのおみやかみちめ》にもみられた。彼女も妄りに罪福を説き、百姓を眩惑したとして、七九六(延暦十五)年七月に本国に送還された。その時期は平安遷都後まもなくであったから、それまでは平城京や長岡京の市が、彼女の主な活動場所であったのであろう。

なお前に紹介した『日本霊異記』中巻第一九の、東市での盗人の経典販売の説話や、同じく中巻第六の、書写した経典を納める箱を造るため白檀《びゃくだん》・紫檀を求めて四方に使者を派遣した山背《やましろ》国相楽《さがらか》郡の人が、結局平城京でそれをみつけることができたという説話、造東大寺司所属の写経所が紙・筆・墨・軸など写経用の材料を東市で購入していることなどは、東・西市が仏教信仰を物質的に支える役割をも果たしていることを示している。

また根津美術館所蔵の「大唐内典録巻第十」(重要文化財)は、七五五年に越前国医師の六人部東人《むとべのあずまひと》が発願して知識たちを集め、一切経律論を書写したものである。書写を担当したのは左京八条二坊の三尾浄麿《みおのきよまろ》、校正は越前国丹生《にう》郡の秦《はたの》嶋主《しまぬし》と国大寺僧闡光《せんこう》、そして装潢《そうこう》は左京八条四坊の直代東人《あたいしろのあずまひと》であった。国大寺はおそらく越前の国分寺のことである。▲国医師は国衙《こくが》の一員であったが、越前の国衙と国分寺は丹生郡にあった。したがってこの書写は、越前の国衙と平城京とのつながり、交流の中で完成したものであった。

平城京には多くの僧侶・写経生がおり、それ以外にも識字層は厚かった。さらに寺院・仏像や経典の製作を担う手工業者も多いし、東・西市での関係品入手も可能だった。平城京は仏教信仰の広がり、深化をもたらす中心でもあったのである。

神々の祭祀

奈良の神社としては、いうまでもなく藤原氏の氏神《うじがみ》を祭る春日大社《かすがたいしゃ》▲が名高い。ただしそれは平城京内ではなく、東郊の御笠《みかさ》山の山麓に位置する。七一七（養老元）年二月一日には、前年八月に任命された遣唐使が神祇を蓋山《みかさ》（御笠山）の南で祭っている（『続日本紀』同月壬申朔条）。同様のことは七七七（宝亀八）年二月に

▼**国大寺**　福井県越前市（旧武生《たけふ》市）幸町の府中城跡遺跡で、「国大寺」「国寺」「大寺」などと書かれた墨書土器《ぼくしょどき》が出土した。これは本文で述べた国大寺の所在を示すものである。付近には越前国府があったとみられることからすれば、越前の国分寺のことであろう。

▼**春日大社**　藤原氏の氏神で、祭神は武甕槌命《たけみかづちのみこと》・経津主《ふつぬし》命・天《あめの》児屋根《こやね》命・比売《ひめ》神。七五六（天平勝宝八）年の「東大寺山堺四至図」には春日山西麓に「神地」が描かれるが、その後七六八（神護景雲二）年に神社として確立したと伝える。

もあり、そのときは天神地祇《てんしんちぎ》を春日山の下で拝したとみえるし(『同』同月戊子条)、『万葉集』には、光明皇太后が春日に神を祭った日に入唐大使藤原朝臣清《きよ》河《かわ》▲に与えた歌「大船に真楫繁貫《まかぢしげぬ》きこの吾子《あこ》を韓国《からくに》へ遣《や》る斎《いは》へ神たち」(巻一九—四二四〇)を載せる。これらの春日の所在地は、おそらく「東大寺山堺四至図▲」に描かれた、春日山西麓の「神地」であろう。そこに後に春日社が成立したが、それは七六八(神護景雲二)年のこととみられる。

一方平城京内に確実にあった神社としては、率川《いさがわ》神社▲しか確認できない。基本的に京内に神社はなかったというべきであろう。それ以前にあった共同体を破壊して、あるいはそれのなかった所に設置された平城京では、共同体を守護する神がいず、また新たに神社が造られることもなかった。そこに住む官人自身が、まだその氏の本拠との強い関わりをもっていたから、氏神の祭祀には休暇を取って本拠地へと帰った。その意味で、都城は神社を祭る共同体がない、きわめて人工的な空間であった。これは都城の本質に関わる論点である。

しかしそのことは、都城で祭祀が行なわれなかったことを意味するものではない。都城では都城特有の祭祀が行なわれるようになった。大祓《おおはらえ》・道饗祭《みちあえのまつり》・

▼**藤原朝臣清河**　七一五頃〜七七三(霊亀元〜宝亀四)年頃。房前の四男。七四九(天平勝宝元)年参議となり、翌年遣唐大使に任じられ、七五二年出航。翌年唐の禁を犯し鑑真《がんじん》を連れて帰ろうとし、副使の船に乗った鑑真は日本に来着したが、清河の船は唐の南辺に漂着。同船者は殺されたが、清河のみ助かり唐に留まる。名を河清《かせい》と改め唐朝に仕え、秘書監の地位に昇り、ついに帰国できなかった。

▼**東大寺山堺四至図**　七五六(天平勝宝八)年に寺域を定めたときに作成された東大寺の図。縦二・二メートル、横三メートルの麻布に伽藍《がらん》や周囲の山・川の様子を描く。一部に彩色がある。

▼**率川神社**　式内社。奈良時代に存在したことは『日本霊異記』中巻二四などからわかる。現在地は左京四条六坊八坪だが、それは古くからの社地が京内に含まれるようになったものとみられる。

宮城四隅疫神祭《やくじんのまつり》・鎮火祭《ひしずめのまつり》などである。これらの具体的様相は『延喜式』にみえるが、大祓は六月と十二月の晦日に行なわれた。その日中の時(午後四時)以前に親王以下の百官が朱雀《すざく》門に集まり、卜部《うらべ》▲が祝詞《のりと》を読んだ。

『法曹類林《ほっそうるいりん》』▲巻二〇〇の「勘式部執申大祓行立事」に引く「式部文」によると、「大伴・壬生二門の間の大路」で常儀が行なわれたが、大伴《おおとも》門・壬生《みぶ》門とは、八一八(弘仁九)年四月に朱雀門・美福《びふく》門と統一・改名される以前の宮城の門号であるから、これは平城京においても適用された規定であろう。二門は宮南面の中央と東の門であり、その間の大路とは宮南面に沿って走る二条大路のことである。これを具体的に物語るように、平城宮の壬生門前の二条大路北側溝からは、一九八〇(昭和五十五)年の調査で二〇〇〇点以上の木製人形《ひとがた》▲が出土した。人形は祓えに用いる物で、それに人間の罪・穢《けが》れを移して水に流すことによって、親王以下百官の身の清浄を保ったのである。

大祓と同じ日、天皇・中宮・東宮の穢れを祓う御贖《みあがもの》▲が行なわれた。『延喜式』によるとこれらの祭祀では、金銀塗人像(大祓)・鉄人像(御贖)が用いられることになっているが、平城宮・京跡では銅製・鉄製人形が出土しており、天皇・

▼卜部　神祇《じんぎ》官に属する下級の神職。主に亀の甲羅《こうら》を焼いたときにできる裂け目で占う亀卜《きぼく》を行なった。定員は二〇人で、伊豆・壱《い》岐《き》・対馬《つしま》から上京した。

▼法曹類林　藤原道憲《みちのり》(信西《しんぜい》)撰集の法制書。平安時代末の成立。律令の条文とともに明法家《みょうぼうか》の学説を集め、道憲の私見を加える。もと二三〇巻だが、現存はごく一部。

▼人形　木や金属で人の形を作ったもので、扁平なものが多い。道教の影響で作られ、罪・穢《けが》れや病を人形に移して、川などに流すことによって身の清浄を図ったり、釘を刺すことによって人を呪詛《じゅそ》するのに用いた。

▼御贖　六月と十二月の晦日に大祓《おおはらえ》に先だって、内裏《だいり》で天皇に対し鉄人像・金装横刀・麻・小竹などを用いて行なわれる祓えの祭儀。中宮・東宮に対しても行なわれた。

中宮・東宮用であろうとみられている。

さらに同日、宮城の四隅で鎮火祭、京城の四隅では道饗祭が執行された。『令義解《りょうのぎげ》』神祇令▲によると、鎮火祭は宮城四方外角で火災を除くために、道饗祭は京城四隅の道上で鬼魅が外から京師に入るのを防ぐために、卜部らが行なった祭りである。後者は京極《きょうごく》大路の四隅、すなわち交差点＝衢《ちまた》において行なわれる祭祀であったが、それは鬼魅を防ぐのが、大八衢にいる八衢比古《やちまたひこ》・八衢比《ひ》売《め》・久那斗《くなと》神であるとされていることに象徴的である（『延喜式』祝詞）。こうみてくると、六月と十二月の晦日に行なわれる御贖・大祓・鎮火祭・道饗祭は、いずれも穢れを祓い、それぞれの清浄を保つ祭祀であるという共通の性格をもち、位置的には天皇を中心に、宮・京と順に次第に外側に移る同心円的な構造をとっていた。

また臨時祭には、宮城四隅疫神祭と畿内堺十処《きないのさかいじっしょ》疫神祭があった。これらは疫病が蔓延したとき、疫神が宮城・畿内に侵入するのを防ぐために、それぞれの外側の世界との境界で行なわれる祭祀である。京城四隅でも祭るときは前者に準ずることになっていたから、先にみた諸祭祀と比べ、祭祀場所が畿内の外

▼神祇令　大宝・養老令の編目の一つ。神祇官による天神地祇の祭祀、月ごとの公的祭祀名、大嘗《だいじょう》祭《さい》、大祓など、神祇信仰にもとづく祭祀に関する諸規定を載せる。

縁部にまで拡大しただけで、性格的には共通する。都城は天皇の居所として、清浄に保つことが求められていたから、何重にも設けた防御線によって、鬼神の侵入を防ぐ構造をもつ祭祀が、定期的に、あるいは臨時に執り行なわれたのであった。

なお先に都城内での祭祀が衢で行なわれたことをみたが、多数の衢のあることが都城の景観的特徴の一つであった。四五〇尺ごとに大路・小路が縦横に走る平城京には、実に多くの衢が形成された。そうした人工的に造られた衢で、都城の清浄を保つ祭祀が行なわれたわけであり、都城特有の祭祀として新しく成立したものであることを物語っている。

祭祀・埋納遺構

平城京における祭祀遺跡としては、先に壬生門前をあげたが、左京七条一坊十六坪における事例を紹介しよう。そこでは同坪の東に沿って流れる東一坊大路西側溝から、多数の木製人形・弓形・刀形・斎串《いぐし》▲・琴形、人面墨書土器（土《は》師器《じき》の壺・甕《かめ》）・ミニチュア土器（土師器の甕・甑《こしき》・竈《かまど》・壺など）・土馬、それに銅

▼斎串　細く薄い板で、下端を尖らせ、左右両側に上から斜めに切り欠きを入れる形のものが多い。祭祀に用い、地面に突き刺して神を呼び寄せる依代《よりしろ》としたり、神聖な場を限る結界《けっかい》とした。

①土馬

②木製人形

③琴形

④ミニチュア土器

⑤人面墨書土器

●—東一坊大路西側溝出土の祭祀遺物

製・鉄製人形などの祭祀具が出土し(前頁写真参照)、近くでこれらを用いた祓え、あるいは疫神への饗応などの祭祀が行なわれたことをうかがわせる。そして東一坊大路と六条大路、その一町南の七条条間北大路との交差点、および十六坪に渡るため西側溝に橋が架かる地点に遺物が特に多く分布しており、水流による遺物の移動を考慮に入れなければならないが、主に条坊交差点(衢)と橋の周辺で祭祀が行なわれたことがうかがわれる。先に述べたようにこの近辺には衛門府《えもんふ》の厨町《くりやまち》があったとみられるが、祭祀が厨町に関係するのか、あるいはそれとは別に京の祭祀として行なわれたのか、その点はわからない。いずれにせよ、遺物からはきわめて律令的な祭祀であったことが知られるところである。

また十六坪の南を流れる七条条間北小路の南側溝の底には、三頭以上の馬の頭蓋骨と四肢の骨を収めた土坑《どこう》があった。『日本書紀』皇極天皇元(六四二)年七月条からは、祈雨のため牛馬を殺す習俗のあったことが知られる。また牛を殺して漢神《からのかみ》を祭ることもあった(『続日本紀』延暦十年九月甲戌条)。七四一(天平十三)年二月に馬牛の屠殺を禁じているように(『同右』同月戊午条)、国家はそうした祭祀のあり方に統制を加えようとしたが、都城においてさえも根強く動物を殺

●――道路に埋葬した子供の甕棺（左京七条東一坊大路出土）

▼喪葬令　大宝・養老令の編目の一つ。天皇の陵墓《りょうぼ》、喪服、皇親・官人の葬儀、京内での埋葬禁止、墓地など、葬儀・陵墓・服喪などに関する規定を載せる。

す祭祀が行なわれたことがわかる。

さらに東一坊大路上の、七条条間北小路との交差点に近い路肩や、東一坊坊間東小路と七条条間北小路との交差点などで、二口の長胴の土師器の甕を合わせ口にして、あるいは一口で埋納した遺構がみつかった。これらは子供の遺体を埋葬したものとみられる。ところが喪葬令▲皇都条は「凡そ皇都及び道路の側近は、並に葬り埋むること得じ」と規定し、京内あるいは道路の近辺で遺体を埋葬をすることは、禁じられていた。これも京の清浄を保つための規定である。

しかし子供の埋葬がみられるのは、彼らが一人前の人間とみられていなかったことを示す。道路上に埋納したのは、人々に踏まれることによって、再生を祈ったものである可能性が高い。こうした埋納は他の地域でも行なわれたのであろうが、京に人工的に造られた道路が、新たな祈りの場となったのである。

しかも興味深いのは、そこで用いられた土器は、京で作られた物ではなく畿内の地域的特徴を示しているという。京に住みながらも喪葬にあたっては、出身地をしのび、そこの甕を用い、おそらくはその習俗にしたがったのであろう。精神的には故郷との結びつきを維持していたのであって、みやこびとの精神構造の一端を示す事例として興味深いところである。

この左京七条一坊十六坪の周辺では、このように祭祀に関する注目すべき知見を得ることができたが、祭祀が執行された場が、条坊交差点や道路側溝など条坊遺構と関わっていたことに注意すべきであろう。都城に特有の祭祀の場が成立したのである。

おわりに

本書では、最近の発掘調査の成果をも取り入れつつ、農村との関係、あるいはそれとの対比を意識しながら、平城京の様相を具体的にみることに努めてきた。平城京は元明天皇が藤原京から都を遷したことによって、「都市」として成立した。そこには官司に勤務する官人が集住させられた。官人の集住地というのが都城の本質であった。そして京内に神社が存在しなかったことに典型的に現れているように、そこでは新たな地縁的・血縁的共同体は成熟しなかった。その意味で、平城京はまさに「王侯の宿営地」であり、政治的都市であった。この点は十分に考慮に入れなければならない。

しかし平城京はまた、農村とは異なった多くの特徴をもっていた。本書で指摘してきたように、条坊制にもとづく都市計画は、農村とは隔絶した景観を平城京にもたらした。縦横に走る大路・小路、側溝、街路樹、築地塀と瓦葺きの甍。そして道路が交わる衢《ちまた》では、都城特有の祭祀が執り行なわれた。

そこに住む住人たちは、皇族・貴族を頂点に、官人（長上官・番上官）、それに仕丁・衛士など、平城宮の諸官司に関係を有する人たちが中核をなしていた。

農民を中心とする農村とはまったく異なる人口構成である。もっとも彼らの生活は農業から完全に分離していたのではなく、農村にも生活基盤の半ばを置いた生活を送ってはいたが、官人たち自身は一定程度農業から分離した生活をしていた。

そして、実物貢納経済という当時の税体系から必然的に不可欠の存在として、東・西市が京内に置かれ、毎日市人やそれ以外の人々によって多くの商品が取り引きされる様は、都城でしかみることのできない光景であった。そこでは他地域の市では入手できないような、高級品や手工業製品なども購入することができた。市人は基本的に農業経営から離れた専業的な商人であった。そして官人、僧尼、市人、運輸業者、それに本書では触れることができなかったが手工業者▲など、農業生活から一定程度離れた人々が多く住んでいた都城では、特に穀を中心とする物価の変動は人々の生活に大きな影響を与えたから、常平倉を設け価格調整を図るということも行なわれた。

平城京は一〇万人ともいう人口を擁していた結果、さまざまな都市問題が発生し苦しんでいた。その最悪の現れが七三七(天平九)年の天然痘の大流行であ

▼手工業者　物を製作する官司として、中務《なかつかさ》省画工司《がこうし》、大蔵省典鋳《てんちゅう》司・織部《おりべ》司、宮内省木工《もく》寮・鍛冶《たんや》司のほか写経所《しゃきょうじょ》などがあり、多数の手工業者が所属していた。また長屋王家も木簡によると、鋳《い》物師《もじ》・鍛冶・銅造・轆轤師《ろくろし》・腰帯師・琴作工・沓縫《くつぬい》・木履《きぐつ》作・土師《はじ》女・仏師・経師・紙師など、多種多様な手工業技術者を抱え込んでいたことが知られる。

った。それに代表される災厄を防止するための都城特有の祭祀が作り出され執り行なわれたが、特に衢が祭祀の場として重要な役割を果たした。また仏教は平城京を基盤にして、広がりと深まりをみせたが、当初の行基や越の優婆夷《うばい》のような国家仏教の対局にあった活動も、都市問題の深刻さがその基盤にあったとみられる。

また平城京は政治の中心として、人的・物的に地方社会と密接な関係を築いており、本書でみたようにトネリを中心とする官人や、仕丁・衛士などが地方から上京し、都城の官司運営や警備を担うとともに、地方支配のための人的資源を再生産した。

このような平城京の特徴をみるとき、それを日本、あるいはアジアにおける古代都市のあり方として、積極的に評価し、それ自体の特徴・変遷を跡づけていくことが必要であろう。とりわけ、本書では詳しく触れる余裕がないが、七八四(延暦三)年の長岡京、七九四年の平安京遷都後も、平城京では条坊区画がそのまま残り、かつしばらくは京としての位置づけが続くこと、東市はその後、『枕草子《まくらのそうし》』一四段にみえる「たつのいち(辰市)▲」として再生し、外京そのものが

▼**たつのいち(辰市)**　『枕草子《まくらのそうし》』に大和の市として、つば市(椿市)・あすかの市などとともにあげられている。平城京左京八条三坊にあった東市の周辺に、後に辰市関係の地名が現れることから、東市の後身とみられる。現在も東市推定地の西に辰市小学校がある。

南都に転身していくことをみるとき、長岡・平安遷都によって平城京は終わりとなり、その後かつての京域は水田に化したと、単純にいうことはできない。首都ではなくなっても、その都市的性格の一部はなくなることなく、次代に受け継がれ、新しい姿で立ち現れていくのである。

紙数の都合で、あるいは筆者の準備状況・力量から、触れるべくして触れることができなかった論点も多い。ここでみたのはあくまで平城京のみである。平安京を対象にすれば、またおのずと異なった都市像が浮かび上がってくるはずである。日本古代の都城がどのように成立し、いかなる点で農村と共通し、どの点で異なるか、一旦できあがった都城が廃都後にどのような変化をたどったかを、都城自身の変遷を追いながら、一つ一つ明らかにしていくことは、今後に残された課題である。

●—図版所蔵・提供者一覧（敬称略，五十音順）

宮内庁正倉院事務所　p. 25上, 39, 56, 63上（原品所蔵）
桑原英文　カバー裏
国立歴史民俗博物館　p. 63上（複製品所蔵）
知恩院　p. 44上左
奈良市　カバー表（所蔵）
奈良市教育委員会　p. 44下
奈良文化財研究所　カバー表（提供）, 扉, p. 7下, 20上下, 49上, 63下, 80上, 92, 94
（財）陽明文庫　p. 29

製図：曾根田栄夫

奈良女子大学古代学学術研究センター編『都城制研究』1 〜14, 2007〜2020年(13からは奈良女子大学古代学・聖地学研究センター編)
馬場基『平城京に暮らす』吉川弘文館, 2010年
町田章『平城京』(考古学ライブラリー)ニュー・サイエンス社, 1986年
森公章『長屋王家木簡の基礎的研究』吉川弘文館, 2000年
山中章『日本古代都城の研究』柏書房, 1997年
吉川真司『聖武天皇と仏都平城京』(天皇の歴史02)講談社, 2011年(2018年に講談社学術文庫化)
吉村武彦・舘野和己・林部均『平城京誕生』角川学芸出版, 2010年
和田萃「率川社の相八卦読み」『日本古代の儀礼と祭祀・信仰　上』塙書房, 1995年
和田萃「夕占と道饗祭」『日本古代の儀礼と祭祀・信仰　中』塙書房, 1995年
渡辺晃宏『平城京と木簡の世紀』(日本の歴史04)講談社, 2001年(2009年に講談社学術文庫化)
渡辺晃宏『平城京一三〇〇年「全検証」』柏書房, 2010年

質　古代・中世』思文閣出版, 1997年
舘野和己「長屋王家の交易活動」『奈良古代史論集第３集』真陽社, 1997年
舘野和己『日本古代の交通と社会』塙書房, 1998年
舘野和己「宇奈太理神社の位置」広瀬和雄・小路田泰直編『日本古代王権の成立』青木書店, 2002年
舘野和己「古代都市の実像」佐藤信編『律令国家と天平文化』(日本の時代史４)吉川弘文館, 2002年
舘野和己「天武天皇の都城構想」栄原永遠男・西山良平・吉川真司編『律令国家史論集』塙書房, 2010年
舘野和己「聖武天皇の恭仁遷都」同編『日本古代のみやこを探る』勉誠出版, 2015年
田中琢『平城京』(古代日本を発掘する３)岩波書店, 1984年
田中琢編『古都発掘』(岩波新書)岩波書店, 1996年
田辺征夫『平城京　街とくらし』東京堂出版, 1997年
田辺征夫・佐藤信編『平城京の時代』(古代の都２)吉川弘文館, 2010年
都出比呂志「弥生環濠集落は都市にあらず」広瀬和雄編著『日本古代史　都市と神殿の誕生』新人物往来社, 1998年
坪井清足編『平城宮跡』(日本の美術)至文堂, 1975年
寺崎保広『長屋王』(人物叢書)吉川弘文館, 1999年
寺崎保広『若い人に語る奈良時代の歴史』吉川弘文館, 2013年
東野治之『長屋王家木簡の研究』塙書房, 1996年
奈良国立文化財研究所『長屋王家・二条大路木簡を読む』吉川弘文館, 2001年
奈良国立文化財研究所『平城宮発掘調査報告 XIV　第二次大極殿院の調査』1993年
奈良国立文化財研究所『平城京左京七条一坊十五・十六坪発掘調査報告』1997年
奈良国立文化財研究所『平城京長屋王邸宅と木簡』吉川弘文館, 1991年
奈良国立文化財研究所『平城京左京二条二坊・三条二坊発掘調査報告』1995年
奈良文化財研究所『平城宮発掘調査報告 XVII　第一次大極殿院地区の調査２』2011年
奈良市教育委員会『史跡　平城京朱雀大路跡』1999年
奈良市教育委員会『平城京東市跡推定地の調査』Ⅰ～XVI, 1983～98年

●―参考文献

井上和人『古代都城制条里制の実証的研究』学生社, 2004年
今泉隆雄『古代宮都の研究』吉川弘文館, 1993年
上野誠『万葉びとの生活空間』(はなわ新書)塙書房, 2000年
榎村寛之『律令天皇制祭祀の研究』塙書房, 1996年
近江俊秀『平城京の住宅事情』吉川弘文館, 2015年
金子裕之「平城京と祭場」『国立歴史民俗博物館研究報告第 7 集』, 1985年
金子裕之『平城京の精神生活』角川書店, 1997年
狩野久『日本古代の国家と都城』東京大学出版会, 1990年
鎌田元一「平城遷都と慶雲三年格」『律令公民制の研究』塙書房, 2001年
鬼頭清明『日本古代都市論序説』法政大学出版局, 1977年
鬼頭清明『古代宮都の日々』校倉書房, 1992年
鬼頭清明『古代木簡と都城の研究』塙書房, 2000年
岸俊男『古代宮都の探求』塙書房, 1984年
岸俊男『日本古代宮都の研究』岩波書店, 1988年
岸俊男『日本の古代宮都』岩波書店, 1993年
岸俊男編『都城の生態』(日本の古代 9)中央公論社, 1987年(1996年に中公文庫化)
北村優季「京戸について」『史学雑誌』93編 6 号, 1984年
黒崎直「日本古代の都市と便所」『歴史評論』590号, 1999年
坂上康俊『平城京の時代』(シリーズ日本古代史④)岩波書店, 2011年
栄原永遠男『奈良時代流通経済史の研究』塙書房, 1992年
栄原永遠男『日本古代銭貨流通史の研究』塙書房, 1993年
佐藤信『日本古代の宮都と木簡』吉川弘文館, 1997年
澤田吾一『奈良朝時代民政経済の数的研究』冨山房, 1926年 (1972年に柏書房から復刻)
関野貞『平城京及大内裏考』1907年(『日本の建築と芸術　下』岩波書店, 1999年に再録)
舘野和己「古代都市—宮から京へ」佐藤宗諄編『日本の古代国家と城』新人物往来社, 1994年
舘野和己「平城京その後」門脇禎二編『日本古代国家の展開　上』思文閣出版, 1995年
舘野和己「平城宮その後」大山喬平教授退官記念会編『日本国家の史的特

日本史リブレット 7

古代《こだい》都市《とし》平城京《へいじょうきょう》の世界《せかい》

2001年７月16日　１版１刷　発行
2022年７月31日　１版10刷　発行

著者：舘野和己《たてのかずみ》

発行者：野澤武史

発行所：株式会社 山川出版社

〒101－0047　東京都千代田区内神田１－13－13
電話　03(3293)8131(営業)
　　　03(3293)8135(編集)
https://www.yamakawa.co.jp/
振替　00120-9-43993

印刷所：明和印刷株式会社

製本所：株式会社 ブロケード

装幀：菊地信義

Printed in Japan ISBN 978-4-634-54070-5

日本史リブレット 第Ⅰ期［68巻］・第Ⅱ期［33巻］ 全101巻